AF261753

BIBLIOTHÈQUE ANTI-CLÉRICALE
FASCICULE RÉGULIER Nº 5

PLUS

DE

CAFARDS !

PAR

LÉO TAXIL

PRIX : 60 CENTIMES

M DCCC LXXX

BIBLIOTHÈQUE
ANTI-CLÉRICALE

BIBLIOTHÈQUE ANTI-CLÉRICALE

LÉO TAXIL

PLUS

DE

CAFARDS !

*La République sera anti-cléricale,
ou elle ne sera pas!*

SIXIÈME FASCICULE RÉGULIER

PARIS

ET LES DÉPARTEMENTS

En vente partout

M DCCC LXXX

PRÉFACE

C'est un fait avéré que la France est envahie par les cafards.

Allez n'importe où, parcourez n'importe quelle région du territoire, partout, vous ne rencontrerez que couvents, églises et monastères.

Cloîtrés ou non cloîtrés, les cafards pullulent.

Cette race d'insectes se met partout. Elle poursuit lentement son œuvre d'absorption du sol. Si l'on n'y prend garde, si l'on ne se décide à employer contre eux un insecticide spécial, ils seront bientôt les maîtres de la France.

Alors, ce sera en vain que le suffrage universel se redressera sous l'effet de l'indignation. Il sera trop tard. Le droit de vote sera écrasé par le droit de propriété.

Méfions-nous de cet envahissement progressif, et prenons des mesures en conséquence.

Tout d'abord, instruisons le peuple, apprenons-lui à connaître son ennemi. Car, si les jésuites et autres coquins tiennent, dans leur domination les membres des classes élevées, ils ne négligent pas pour cela les classes ouvrières.

Le sou du pauvre extorqué par eux et multiplié sans cesse finit par produire des millions.

C'est un devoir pour tout homme qui se sent capable de tenir une plume de fonder un journal, si modeste soit-il, afin de propager la vérité républicaine parmi les déshérités de notre état social.

Et quiconque a la moindre facilité d'élocution doit faire entendre la voix honnête du libéralisme et prêcher la haine de la prêtraille.

Le prêtre est le principal obstacle au développement de la République. Il faut briser cet obstacle ; il faut supprimer le clergé ; ou sinon la République périra.

Il est indispensable que l'objectif de la politique nationale soit l'anéantissement du cléricalisme.

Pour arriver à ce résultat, point n'est

besoin d'employer des moyens violents.

Pendant qu'il en est encore temps, nous devons utiliser cette arme que Ledru-Rollin nous a donnée et qui consiste en un petit bout de papier.

Aux prochaines élections, en octobre 1881, nous voterons pour les candidats anticléricaux de préférence à tous autres. Nous aurons ce mot d'ordre : « Plus de cafards ! »

Plus de cafards ! — C'est-à-dire : Séparation de l'Eglise et de l'Etat.

Plus de cafards ! — C'est-à-dire : Abolition de tous les priviléges accordés aux ecclésiastiques par les régimes précédents.

Plus de cafards ! — C'est-à-dire : Confiscation au profit de l'Etat de tous les biens extorqués par les congrégations et détenus illicitement par elles depuis des siècles.

Plus de cafards ! — C'est-à-dire : Rentrée dans le droit commun des moines et moinesses de toutes robes et de tous ordres,

Plus de cafards ! — C'est-à-dire : Promulgation de lois nouvelles édictées dans le but d'empêcher le retour des abus commis par le clergé au détriment des particuliers et de la nation.

Ces trois mots : « Plus de cafards ! » contiennent tout un programme.

Si nous le voulons bien, ils seront le cri de guerre qui nous conduira à la victoire.

La plus importante et en même temps la plus urgente des questions sociales sera résolue le jour où le prêtre, réduit à lui-même, disparaîtra du sol français.

Car c'est là tout le secret de la tactique à adopter : réduire le clergé à ses propres ressources.

Le cafard étant le pire des parasites, nous en serons débarrassés du moment où nous lui couperons les vivres.

En supprimant le budget des cultes d'une part, en soumettant rigoureusement d'autre part au droit commun le clergé régulier et le clergé séculier, en faisant enfin rendre gorge aux congrégations de toutes les richesses mal acquises, nous anéantirons le cléricalisme.

Plus de cafards ! Plus de cafards !

L. T.

PLUS DE CAFARDS

GUERRE AU CLÉRICALISME !

Conférence de Saint-Etienne. — Salle du Prado. — Le samedi 10 avril 1880.

Citoyennes et citoyens,

Un évêque, qui est aveugle — au moral et au physique, — ce qui ne l'empêche pas de prôner les vertus de l'eau de Lourdes, tout en se gardant bien d'en faire usage (*rires*), — qui inonde la France de petites brochures ordurières dans lesquelles il essaie de salir la République, ce qui ne l'empêche pas de passer à chaque fin de mois à la caisse de cette République, en sa qualité de chanoine de Saint-Denis et de gardien du tombeau des rois de France, — quoiqu'en France il n'y ait plus de rois (*nouveaux rires*), — M. de Ségur, pour ne pas le nommer, a écrit un opuscule infâme, intitulé : *Les Francs-Maçons, ce qu'ils sont, ce qu'ils font, ce qu'ils veulent.*

Nous allons, à notre tour, étudier ensemble cette question : *Les Jésuites, ce qu'ils sont, ce qu'ils ont fait, ce qu'ils prétendent encore faire.*

La question est toute d'actualité.

Aux applaudissements de la France entière, le gouvernement démocrate qui est à notre tête vient, il y a à peine quelques jours, d'ordonner la dispersion des jésuites.

C'est là, il faut le reconnaître, une mesure insuffisante ; mais c'est un premier pas, c'est une première satisfaction donnée à l'opinion.

Croyez-le, les autres viendront ensuite.

Pour ma part, bien qu'au point de vue politique je diffère quelque peu des hommes qui sont au pouvoir, je me plais à reconnaître qu'en ce qui concerne la question cléricale, la majorité du ministère fait ce qu'elle peut.

Nous n'avons pas le droit, nous, électeurs, de lui reprocher de ne pas faire grand'chose ; car, si nos ministres ont le tort de ne s'avancer qu'après mille hésitations, nous avons eu, de notre côté, le tort non moins grand d'adjoindre à nos gouvernants les sénateurs que vous savez et une Chambre de députés qui est sans doute pavée de bonnes intentions, mais qui manque totalement d'énergie. (*Bravo ! c'est vrai !*) Vous l'avez vu en diverses occasions, notamment à propos de la mise en accusation — manquée — des hommes du Seize-Mai, et aussi à propos de cette mesure d'apaisement et de clémence que demandaient tous les cœurs généreux.

Laissons cela.

✕

Je ne suis pas venu au milieu de vous pour faire son procès à la Chambre : ce serait nous faire notre procès à nous-mêmes, puisque la Chambre, c'est nous qui l'avons nommée. (*Une voix : Hélas !*) En outre, je crois qu'en politique il n'est pas sage de passer son temps à récriminer contre les faits accomplis.

Quand les électeurs ont des députés dont ils ne sont pas contents, ils ne doivent s'en prendre qu'à eux-mêmes ; ils doivent profiter de l'expérience et, si leurs représentants ne leur semblent plus bons, aviser à en trouver de meilleurs. Cela est simple, cela est élémentaire.

Il faut donc tenir compte au ministère de ce que jusqu'à présent le suffrage universel n'a pas été appelé à se prononcer spécialement sur la question cléricale.

C'est sur cette question que les élections prochaines se feront, et alors, si, comme j'en ai la conviction profonde, le pays crie par la voix de toutes les urnes : Mort au cléricalisme ! il faudra bien que le gouvernement se décide à exterminer le monstre. (*Applaudissements prolongés.*)

+

A cette heure, citoyens, les jésuites ont été sommés de se disperser, et, je le disais en commençant, cette première mesure a été accueillie avec joie par tous les Français ; oui, par tous les Français, car les cléricaux, les seuls qui hurlent contre le ministère, ne sont pas des Français. (*Bravos.*) Ceux-là, ce sont de mauvais citoyens ; ce sont ceux qui refusent à notre vaillant et beau Paris le titre de capitale. Leur capitale à eux, c'est Rome ; Rome, la ville la plus corrompue de l'univers ; Rome, dont les papes et les évêques ont fait le lupanar du clergé. (*Applaudissements*.)

Vous connaissez sans doute cette aventure arrivée à l'un de nos généraux : c'était pendant l'occupation, sous la seconde République ; le général, qui commandait les troupes françaises, faisait observer à un cardinal que ses soldats manquaient de compagnes, et lui demandait où se trouvaient certaines maisons *ad hoc*. Le cardinal, qui connaissait bien la cité des papes, répondit : « Oh ! général, vos soldats n'ont pas besoin de chercher ce que vous voulez dire ; toutes nos maisons sont bonnes à cela ; vos soldats n'ont qu'à entrer n'importe où. » (*Rires.*)

Voilà donc la capitale du cléricalisme. Rome, la cité fangeuse ! Rome, la ville impure par excellence, la ville où viennent se noyer dans les boues de la dévotion toutes les pourritures et toutes les immondices catholiques. (*Bravos.*)

Ah ! quand une classe d'hommes, comme le clergé, est gangrenée depuis le sommet jusqu'à la base ; lorsque, depuis le pape Borgia jusqu'aux frères ignorantins et aux curés de campagne qui encombrent tous les jours les bancs de nos cours d'assises, lorsqu'un parti, dis-je, est devenu en quelque sorte un immense cloaque d'abominables obcénitéss, il a raison de prendre sa patrie à Rome ; Rome est bien la capitale qui lui convient. (*Nouveaux applaudissements.*)

C'est à Rome, d'ailleurs, que réside le fche

des jésuites, dont nous avons à nous occuper.

X

Un jour, le 15 août 1534, une espèce de fou doublé d'un scélérat, le nommé Ignace de Loyola, réunit autour de lui, à Paris, dans une chapelle souterraine d'un couvent de Montmartre, une poignée d'individus qui ne valaient pas mieux que lui.

Ces aventuriers, ces bandits de la foi, s'étaient dit :

« Nous sommes inconnus, et nous voulons remplir le monde de notre nom ; nous sommes sans pouvoir ni crédit, et nous voulons que peuples et rois nous obéissent ; nous sommes sans sou ni maille, et nous voulons posséder tout l'or de la terre ; nous sommes rebutés du beau sexe que notre crapulisme éloigne de nous, et nous voulons pouvoir suborner impunément les femmes et les jeunes filles ; nous sommes des malfaiteurs sur lesquels la potence étend déjà son bras menaçant, et nous voulons qu'à notre mort les populations naïves nous tressent des auréoles de saints.

» Pour arriver à cela, que nous faut-il faire ?

» Il faut d'abord nous organiser en une seule bande qui, pour le vulgaire public, visera à la sanctification des âmes, mais qui, secrètement, ne travaillera qu'à la domination matérielle et universelle.

» Tous les moyens nous seront bons. Le but que nous poursuivons les justifiera tous : vol, séduction, captation, assassinat, nous mettrons tous les crimes en œuvre. Et cette bande de fripons, de débauchés, d'escrocs, de voleurs et d'assassins, nous l'appellerons la *Société de Jésus.»* (*Double salve d'applaudissements.*)

Et alors, ces premiers affiliés de la bande pensèrent que l'hypocrisie était le masque qu'il leur fallait pour cacher tous les forfaits qu'ils méditaient. Sous des apparences trompeuses de vertu, ils allaient voiler leur scélératesse et leurs vices immondes. — Jésuite, vous le savez, est devenu synonyme d'hypocrite fieffé. (*Rires.*)

Il leur fallait, avant tout, en imposer aux masses pour mieux les exploiter.

Il était nécessaire qu'ils couvrissent chacun de leurs vices d'une vertu contraire.

Orgueilleux, ils firent vœu d'humilité. Avides de domination et disposés à toutes les révoltes, ils firent vœu d'obéissance. Polissons en quête de femmes naïves et de jeunes filles candides, ils firent vœu de chasteté. Dévorés par la soif de l'or, ils firent vœu de pauvreté.

Des scélérats aptes à tous les crimes et se déguisant en honnêtes gens, voilà ce que sont les jésuites. (*Bravos prolongés.*)

Qu'ont-ils fait jusqu'à présent?

Ouvrez leur histoire. Elle est écrite avec de l'ordure et du sang. (*Nouveaux bravos.*)

Huit ans après la création de leur bande, les jésuites avaient déjà causé des troubles à Paris. Douze ans plus tard, c'est-à-dire vingt années seulement après le serment des souterrains de Montmartre, le parlement de Paris se voyait dans la nécessité d'ordonner pour la première fois le renvoi de ces coquins.

Mais les jésuites n'étaient pas gens à renoncer si facilement à la France, cette riche proie qu'ils convoitaient.

Ces êtres-là sont comme les punaises. (*Rires.*) Quand on les chasse et qu'ils ne se sentent pas les plus forts, ils s'aplatissent et se glissent dans les fentes des murs. Ils disparaissent. On croit qu'ils sont partis. C'est une erreur. Ils sont plus que jamais dans la maison ; seulement ils sont blottis au fond des trous, ils sont tapis dans les encoignures où l'on ne peut les atteindre. Ils attendent patiemment dans l'ombre le moment où ils pourront quitter sans danger leurs retraites, se remettre à piquer, à boire le sang de leurs victimes. (*Applaudissements.*)

En 1554, lors de leur première expulsion, les jésuites n'étaient pas aussi puissants qu'ils le sont aujourd'hui ; ils n'avaient pas encore peuplé de leurs créatures l'armée et les administrations ; la magistrature ne leur était pas dévouée. C'était elle, au contraire, qui les chassait. (*Bravos.*)

Quelle conduite tinrent les jésuites ? — Ils se rapetissèrent, ils s'aplatirent.

Puis, quand ils jugèrent l'orage passé, l'un d'eux quitta doucement le couvent qui lui servait d'asile, vint, le miel à la bouche, protester de son dévouement à la royauté française et solliciter, en baisant les pieds du monarque, la révocation de l'arrêt qui bannissait la bande de notre territoire. Le roi de France eut la naïveté d'ajouter foi aux mensonges du père Lainès. Trop crédules rois de France ! plusieurs d'entre eux devaient tomber plus tard sous le fer des jésuites assassins.

X

Mais pourquoi vous raconter là ce que vous savez tous ?

Je suis venu, non pour vous narrer en détail l'histoire des sectaires de Loyola, mais pour grouper les faits les plus connus, les rappeler sommairement et en tirer des considérations générales.

Nul n'ignore que Campian, Skerwin et Briant, exécutés en 1581, à Londres, pour avoir médité l'assassinat de la reine Elisabeth, étaient des jésuites ; que le poignard de Jacques Clément frappa Henri III à l'instigation des jésuites ; que Pierre Barrière, armé par le jésuite Varade, et Jean Châtel, élève des jésuites, tentèrent d'assassiner Henri IV ; que le père jésuite Guignard fut pendu en place de Grève pour avoir poussé à l'assassinat du même roi, assassinat qui, finalement, fut commis par Ravaillac, instrument des jésuites ; que le prince Maurice de Nassau fut assassiné par les jésuites ; qu'en 1605, les jésuites réussirent à miner tout le dessous du Parlement anglais pour faire sauter la reine, les seigneurs et tous les représentants, et que cette si fameuse conspiration des poudres valut à deux jésuites, les pères Garnet et Oldecorn, les honneurs de la potence ; que ce sont les jésuites qui ont allumé en Europe la querelle du jansénisme, cause de maux incalculables ; qu'ils ont fait à Séville et ailleurs, des banqueroutes frauduleuses ; qu'une fois qu'ils curent, à force d'inspirer l'effroi, gagné l'oreille des princes, ils persécutèrent, de la façon la plus horrible, les gens qui ne pensaient pas comme eux ; qu'ils obtinrent, en 1713, quatre-vingt mille lettres de cachet contre les malheureux jansénistes ; qu'ils forçaient ces pauvres diables, dont le crime était de ne pas croire à l'infaillibilité du pape, à recevoir les sacrements de la main de prêtres qu'escortaient les gendarmes, et à signer sous les poignards la rétractation de leurs idées ; qu'étendant leur rage jusque sur les morts, ils profanèrent le cimetière de Port-Royal où étaient enterrés des philosophes (*sensation*) ; qu'en 1757, ils armèrent contre Louis XV la main homicide de Damiens ; qu'un an plus tard, ils assassinèrent le roi de Portugal ; qu'ils ont empoisonné même un pape, Clément XIV, et, dans ce siècle, l'un de nos plus populaires romanciers, Eugène Sue, coupable d'avoir dévoilé leur scélératesse dans son magnifique ouvrage *Le Juif-Errant*. (*Mouvement*.)

X

Eh bien ! tant de crimes amoncelés et stigmatisés par l'histoire ne font pas la millième partie de ceux que les misérables ont commis.

Ce sont là quelques-uns des crimes connus. Qui pourra jamais dresser la simple énumération de tous les forfaits incroyables qu'ils ont accomplis dans le mystère ?

De temps en temps un scandale éclate, et les parquets ne peuvent pas faire moins que de poursuivre. Hier, c'était une pénitente subornée par son confesseur, la malheureuse Catherine Cadière, dont le révérend père Girard usait et abusait en lui affirmant qu'il lui donnait, au nom de Dieu, un avant-goût du paradis (*rires*), et qu'il essaya d'empoisonner lorsqu'il la vit enceinte de ses œuvres. (*Marques d'indignation.*) Aujourd'hui, c'est un autre jésuite qui, dans un wagon de chemin de fer, se jette sur une femme et là, c'est-à-dire dans un lieu public, assouvit ses lubriques passions. Demain, ce sera le tour d'un vice-président de l'œuvre des comités et cercles catholiques, que la police surprendra, dans un urinoir des Champs-Elysées, à faire... ce qui se fait dans les sacristies et ce qui ne se raconte et ne s'enseigne que dans les confessionnaux. (*Rires et applaudissements.*)

Car les jésuites ont une morale à eux, une morale toute particulière. L'Espagne, disent-ils, a été le berceau de leur bande infâme. Allons donc ! c'est Sodome qui les a vomis. (*Bravos.*)

De la religion catholique, ils ont fait un culte de dépravation. Loyola seul est Dieu, et Germiny est son prophète ! (*Nouveaux bravos.*)

Dans le vice clérical, il y a des spécialités. C'est ainsi que nous avons les capucins, qui, sous prétexte de mendicité, s'introduisent dans les maisons et s'attaquent aux femmes mariées, et les ignorantins qui, sous prétexte d'enseignement primaire, s'attaquent aux petits garçons. Les jésuites, eux, n'ont pas de spécialité ; tout leur est bon. Ils disent à leur manière : « Laissez venir à nous les petits enfants », et quant aux femmes, ils les séduisent pour arriver à leur escroquer l'argent du ménage. Ce qu'ils appellent direction des consciences n'est que du proxénétisme. (*Rires.*)

×

Je n'abuserai pas de votre complaisance, citoyens, en vous donnant lecture de longues citations. Parcourez les discours et les ouvrages de M. Paul Bert, cet homme de talent qui a eu l'intrépidité de fouiller la fange jésuitique.

La morale de ces gens-là, il faut l'étudier en secret, comme on étudie dans certains musées d'anatomie les maladies honteuses. (*Bravos.*) L'homme qui veut prendre un éternel dégoût du cléricalisme n'a qu'à parcourir les textes sacrés des casuistes de l'ordre de Loyola ; mais ces textes ne peuvent pas être lus dans les assemblées où se trouvent des femmes et des jeunes filles.

Je vous rappellerai simplement, en passant, que, par des subtilités exécrables, les jésuites autorisent le parjure, le larcin domestique, la prévarication, l'adultère, le faux témoignage, le vol, la prostitution, l'assassinat et même le plus monstrueux des assassinats, le parricide.

« Un fils peut se réjouir d'avoir tué son père, s'il a commis son meurtre dans un moment d'ivresse, parce qu'alors ce n'est pas du meurtre lui-même qu'il se réjouit, mais de l'héritage qui en est la conséquence. »

Cela est écrit, cela est signé du nom d'un jésuite. L'auteur de cet enseignement infâme est le révérend père Georges Gobat, et cette abomination se trouve dans le tome II de ses

Œuvres morales, imprimées à Douai, page 328.

Et, aujourd'hui que le gouvernement s'est résolu à dissoudre la société de Jésus, aujourd'hui que tous les honnêtes gens demandent que l'on prenne des mesures efficaces pour enlever complétement à ces malfaiteurs religieux l'enseignement de la jeunesse, la presse clérigaleuse viendrait nous dire : « Vous ne pourrez pas remplacer ces instituteurs. » J'y compte bien ! (*Bravos.*) Et l'on ajoute : « Ce sont des professeurs capables. » Oui, ils sont capables de tout ! (*Applaudissements répétés.*)

Telle est l'œuvre des jésuites dans le passé. Je vous ai dit ce qu'ils ont fait jusqu'à présent, ce qu'ils ont enseigné. Je vais vous dire maintenant ce qu'ils prétendent encore accomplir.

Et je vais vous dire cela en répondant à une objection que l'on nous adresse souvent, à nous, journalistes anti-cléricaux.

On nous dit :

« Vous attaquez les jésuites ; c'est un prétexte pour attaquer le catholicisme : quand vous prononcez le mot cléricalisme, c'est la religion elle-même que vous visez. »

Eh bien ! oui. J'accepte, quant à moi, cette façon d'interpréter les mots. (*Vifs applaudissements.*)

Oui, derrière les jésuites, j'aperçois les congrégations régulières et le clergé séculier. Oui, quand je dis : cléricalisme, j'entends parler de tous les exploiteurs de la crédulité publique, qu'ils aient ou non un rabbat, qu'ils portent une robe de bure ou un jupon noir. (*Bravo! bravo!*)

×

Sur ce chapitre, cléricaux de toute espèce, je vous accorde d'avance ce que vous voudrez. J'ai pour vous tous, sans exception, la même haine (*Applaudissements*); car c'est un de vos évêques qui l'a dit : «Nous sommes tous jésuites.»

Et ne vous en prenez qu'à vous si aujourd'hui on vous enveloppe tous dans la même exécration.

Si les jésuites et vous n'étiez pas compères de la même bande, si la morale de Loyola que répudiaient, il y a 200 ans, l'évêque d'Ypres et d'autres prélats chrétiens, n'était pas devenue depuis la morale de votre église ultramontaine, vous ne hurleriez pas à cette heure comme des hiboux, parce que le gouvernement applique aux jésuites les lois en vigueur.

N'est-ce pas un journaliste religieux qui écrivait récemment ceci : « Les jésuites sont les meilleurs rameurs de la barque de saint Pierre? »

Ne sont-ce pas les organes les plus attitrés de l'épiscopat français qui, à l'apparition des décrets du 29 mars, ont publié de véritables appels à l'insurrection ?

×

Voici ce qu'écrivait M. des Houx, rédacteur en chef d'un journal fondé par l'évêque Dupanloup :

« Il y a solidarité complète entre tous les religieux de France. Bien plus, *le clergé séculier, les évêques, ne séparent pas leur cause de celle des congrégations.* L'Eglise entière veut être associée à la proscription dont on honore quelques-uns de ses membres. Dès aujourd'hui, il y a guerre irréconciliable entre les catholiques et les factieux qui nous commandent. Le devoir de notre roi devient plus impérieux que jamais. Sire, délivrez-nous promptement. » (*Rires.*)

Et d'un. Ouvrons à présent l'*Univers* :

« Nous pouvons promettre au gouvernement une *résistance unanime et vigoureuse.* Il connaît les *sentiments des évêques,* et il ne peut se tromper sur ceux du *clergé séculier*; il saura bientôt, puisqu'il a la simplicité d'en douter encore, qu'aucune congrégation non autorisée ne voudra obtenir provisoirement sa protection. »

Cela est signé Louis Veuillot. Et de deux. A un autre, l'*Union* :

« A tout citoyen digne du nom français, le gouvernement de la République donne le signal des généreuses et *indomptables révoltes.* Le défi qu'elle nous jette sera relevé, et nous acceptons le combat. Mais, en vérité, nous avons pitié de nos adversaires.

» Toutes les congrégations tiendront à honneur de rester fermement unies, sur le terrain du droit commun, devant l'ennemi qui leur fait l'injure de croire qu'elles pourraient abandonner à l'une d'entre elles le privilége et l'hommage d'une désignation spéciale aux haines de la Révolution...

» Il n'y aura point de division dans leurs rangs ; religieux de tous ordres, *prêtres régu-*

liers et séculiers, clergé paroissial et évê-
ques, marchant à la tête du peuple catho-
lique et indissolublement attaché au saint-siége,
n'auront qu'une voix pour protester et qu'une
âme pour lutter. »

Et de trois.

Le *Monde*, moniteur officiel du clergé paroissial, est encore plus catégorique :

« Tous les catholiques, *clergé et fidèles*, seront *unanimes* dans leurs protestations contre
les iniques décrets du 29 mars : on nous trou-
vera *tous rangés derrière nos évêques et nos
prêtres...* »

Ces diables de cléricaux, ils sont toujours
derrière ! (*Rires.*)

«.. pour la grande lutte à laquelle on nous
a si follement provoqués, le clergé séculier
restera fraternellement uni au clergé régulier,
et l'on ne verra point, parmi les congrégations,
aucune d'elles séparer sa cause de celle des
jésuites. »

Et de quatre.

Pour terminer ces citations, voici un extrait
de la *Vraie France* :

« Nous convions les amis de la religion à
commencer la guerre contre la République. Trai-
tons ce gouvernement comme il le mérite : en
le renversant,

» Que la vraie France enfin revive, après une
occupation despotique qui n'a que trop longtemps duré !

» MONTRONS A CES TENANTS DE LA RÉVO-
LUTION QU'IL RESTE ENCORE DU SANG DANS
LES VEINES CATHOLIQUES.

» Par les moyens légaux d'abord, PAR LES AUTRES ENSUITE, culbutons l'édifice révolutionnaire implanté dans notre patrie, malgré ses vœux, contre ses intérêts.

» Que, pour nous, la seule loi existante soit désormais celle-ci : défendre l'église catholique contre les entreprises de ses ennemis ; refaire de la France le royaume très-chrétien, la fille ainée de l'Eglise ; remplacer par un évêque de l'extérieur ce soliveau « constitutionnel » mû par une bande d'ambitieux et de sectaires sans vergogne !

» Aussi bien, l'œuvre sera facile.

» *Ce n'est pas un Ferry, un Cazot, un Lepère*, un Grévy, qui terrassera l'Eglise catholique, forte des promesses infaillibles de son divin Fondateur.

» Au contraire, les puissances de l'Eglise prévaudront contre la République idiote et jacobine dont on afflige aujourd'hui notre belle France.

» Et les moines que la République persécute prieront avant peu sur sa tombe.

» Car, enfin, les décrets du 29 mars, c'est la persécution, c'est la défaite, c'est la ruine, c'est la chute.

» Nous saluons donc avec une joie sincère la persécution, puisqu'elle est le prélude de la chute d'un régime que nous détestons, que toute âme honnête déteste !

» Et maintenant, pouvons-nous contenir notre indignation envers les auteurs du « coup d'Etat » du 29 mars ?

» Non ; et pour donner à l'expression de cette indignation une forme pratique, nous dirons aux catholiques français :

» Vous ne rentrerez dans la pleine possession de vos droits qu'en délogeant les républicains du pouvoir. Délogez-les !

» Donc, à l'assaut de la R. F. ! Catholiques français, à l'œuvre ! » (*Applaudissements ironiques et rires prolongés.*)

Voilà de véritables appels à l'émeute. Le Gouvernement ne poursuit pas ces journaux qui l'attaquent avec une telle violence. Le gouvernement fait bien. Tout ce que je lui demande, c'est de ne pas poursuivre les journaux qui prennent sa défense contre les partisans des jésuites. (*Bravo !*)

Car, enfin, pourquoi ces dévergondages d'insultes, pourquoi ces rages qui écument, pourquoi ces révoltes grotesques qui nous font sourire de mépris ?

Parce que le ministère a eu l'air de toucher aux jésuites.

Et les catholiques tout court viendraient se plaindre de ce que franchement je reconnais les viser derrière les sectaires de Loyola ? Puisqu'ils s'identifient avec cette bande de malfaiteurs en soutane sans que personne le leur demande, il est tout naturel que je les mette à mon tour les uns et les autres dans le même panier. (*Rires.*)

Je signale un enseignement détestable, je stigmatise de véritables brigands. Là-dessus, les catholiques prennent feu et s'écrient : « Cet enseignement est identique au nôtre ; ces brigands sont les meilleurs d'entre nous tous. » (*Rires.*)

Soit. Je réponds alors : « Puisqu'il n'y a plus de distinction entre vous, c'est contre vous tous sans distinction que j'appelle les républicains au combat. »

C'est logique. (*C'est vrai! — Bravo! bravo!*)

×

Autrefois, il y avait des distinctions. Autrefois, les évêques de France séparaient leur cause de celle des jésuites et ne voulaient pas être confondus avec eux. Autrefois, le cardinal Frédéric Borromée chassait les jésuites du collége de Bréda. Autrefois, le pape prononçait solennellement la suppression de cette compagnie maudite.

Aujourd'hui, tout est changé. Simples fidèles, prêtres, évêques, cardinaux, souverain pontife, tous sont inféodés à Loyola. Ce n'est plus Léon XIII qui est le chef de l'Eglise, c'est le pape noir.

Les sectaires sont arrivés au premier de leurs buts : ils ont graduellement envahi toute la catholicité. Tout ce qui croit ou prétend croire à l'Immaculée-Conception leur appartient.

Et maintenant, juste au moment où ils avaient confisqué à leur profit toute la puissance ecclésiastique, au moment où ils prétendaient couronner leur œuvre en subordonnant l'Etat à l'Eglise, puisque l'Eglise, c'est le Gèsu, et en mettant finalement la main sur les pouvoirs civils, à ce moment, la République a surgi, amenant dans les esprits un revirement complet. Et voilà que l'élan anti-clérical de la na-

tion est si fort que le gouvernement est obligé
de lui donner une satisfaction, si petite soit-
elle, en attendant le grand jour des élections
générales, le grand jour du suprême débarras.
(Applaudissements.)

×

Les jésuites — c'est-à-dire les cléricaux —
se sentent perdus. Ils voient la marée qui monte
à chaque minute; ils peuvent compter les heu-
res et calculer la seconde précise où ils seront
engloutis.

Ils jettent à Chambord un cri d'affolement,
un cri de désespoir; mais si Chambord est boi-
teux au physique, au moral il est sourd. *(Rires.)* Chambord ne les entend pas; Chambord
est un homme prudent qui juge qu'il a bien autre
chose à faire que de venir se noyer avec eux.
Henri V ne comprend qu'une chose : c'est que,
si par impossible il réussissait à monter sur le
trône, il serait entre la guillotine de Louis XVI et
le poignard d'Henri IV. *(Applaudissements)*.

Telle est, citoyens, la situation exacte.

Pour nous, républicains, elle est bonne, mais
à une condition : nous avons lâché les eaux qui
engloutiront les jésuites; il faut à présent que
l'inondation continue, il ne faut pas que nous
refermions l'écluse avant que tout soit fini.
(Bravos prolongés.)

Le clergé tout entier est venu se ranger de
lui-même sur le rocher où le ministère, trop généreux, avait isolé les jésuites. Tant pis pour
le clergé ! Répondons à ses menaces par la sup-

pression du budget des cultes. (*Oui ! oui! bravo !*)

La lutte n'est plus entre les philosophes et les jésuites, comme au siècle dernier : elle est entre la société civile et la société ecclésiastique.

Et cela est si vrai que, pour combattre nos ennemis, vous ne fondez pas des écoles anti-jésuitiques ; vous fondez des écoles laïques. Ce n'est pas la soutane du curé de la paroisse que vous opposez au froc des jésuites, c'est la redingote de l'instituteur laïque que vous opposez à toutes les soutanes. (*Applaudissements.*)

Je suis donc en conformité de sentiments avec vous en vous criant : Guerre au cléricalisme ! Guerre à tout le cléricalisme !

Nous avons vu ce que sont les jésuites, ce qu'ils ont fait et ce qu'ils prétendent encore faire. Nous avons vu que les cléricaux disent : « Les jésuites, c'est nous tous. »

Notre devoir a grandi.

Dans trois mois, les jésuites seront dispersés. Il faut qu'au 14 octobre 1881 le pays nomme une Convention anti-cléricale, dont le mandat sera l'extermination complète de l'ennemi. (*Le conférencier descend de la tribune au milieu des acclamations universelles les plus enthousiastes*).

POLITIQUE ET RELIGION

Discours d'ouverture d'une conférence scientifique. — Paris, XVII⁰ arrondissement. — Salle Lévis. — Lé samedi 22 mai 1880.

Citoyennes et citoyens,

Nous traversons en ce moment une crise que beaucoup considèrent comme religieuse, et qui est en réalité une crise politique.

Les intérêts religieux qui s'agitent, en effet, autour de nous, n'ont rien à voir avec le dogme; ce sont des intérêts purement matériels.

La nation, la grande nation républicaine, émue des empiétements incessants du clergé et des congrégations, a sommé le gouvernement d'y mettre un terme. Subissant alors cette influence irrésistible, le gouvernement a donné, par l'article 7, le coup de clairon qui, réveillant les esprits, a appelé tous les vrais républicains au combat contre l'ennemi de la France. *(Applaudissements.)*

Maintenant, la guerre est déclarée, les deux armées sont en présence, et si quelqu'un de ceux que les circonstances ont portés au pouvoir trouvait que l'on va trop vite, prétendait faire tourner le mouvement national en manifestation stérile, voulait seulement modérer l'élan du parti républicain, — qu'il y prenne garde ! — il serait impitoyablement brisé par le suffrage universel *(applaudissements)* ; car, ne l'oublions pas, le peuple est aujourd'hui le seul souverain et maître *(bravos)*, et il prouvera à toutes les élections partielles, en attendant les élections générales, qu'il veut, qu'il exige la prompte extermination du cléricalisme. *(Applaudissements prolongés.)*

Oui, citoyens, la campagne dans laquelle nous nous sommes engagés est une campagne essentiellement politique. Nous ne montons pas à l'assaut de ces dogmes absurdes que l'Eglise enseigne ; nous laissons à l'éloquence de nos conférenciers le soin de les réfuter, et c'est de la raison humaine que nous attendons la condamnation des impostures. Ce que nous combattons sans trêve ni merci, ce que nous voulons mettre hors de la France, ce sont les imposteurs. *(Applaudissements.)*

C'est contre l'hypocrisie, et non contre la naïveté, que nous dirigeons nos coups. Nous avons pitié des dupes, mais nous n'accorderons aucune grâce à ces charlatans éhontés, à ces fripons sans vergogne qui exploitent la crédulité de pauvres ignorants et en font leurs victimes. *(Bravos.)*

La secte catholique, citoyens, peut se décomposer en deux catégories de gens : ceux qui croient de bonne foi aux miracles, à l'existence de Monsieur Dieu *(rires)* — vous remarquerez que je ne l'appelle pas citoyen — et à l'origine surnaturelle du nommé Jésus, et ceux qui, ayant inventé toutes ces sornettes, en font une affaire de spéculation. *(Applaudissements.)*

Les croyants de bonne foi, nous voulons seulement les éclairer *(oui! oui! c'est cela!)* ; et, pour ouvrir les yeux de ces aveugles, nous demandons que la libre pensée ait la même existence légale, soit traitée sur le même pied que le catholicisme et les autres sectes religieuses.

Liberté de conscience, égalité politique et
juridique de la croyance et de l'incrédulité,
voilà ce que nous réclamons. (*Bravos prolongés.*)

Nous ne voulons plus que les adeptes de la
foi civile soient considérés comme des parias et
mis hors le code ; nous ne voulons plus que l'on
se fasse une règle de ne tenir aucun compte d'eux
(*bravos*); nous voulons que si les manifestations
du culte catholique ne peuvent avoir lieu dans
les communes où existent des temples protestants
ou des synagogues israélites, de même ces pasquinades cléricales ne puissent se produire dans
les communes où sont constitués des groupes
de libres-penseurs. (*Oui! oui ! bravo!*)

Nous voulons, en un mot, nous, matérialistes, nous, sceptiques, nous, hommes de raison
et de progrès, jouir des mêmes droits que les
sectaires de la superstition.

Est-ce demander trop ? — (*Voix nombreuses : Non ! non !*) — Vous avez raison. Non !
ce n'est pas demander trop ; car si les droits
de l'incrédulité ne devaient pas, sous la République, être exactement semblables à ceux de la
croyance, il faudrait, de la devise que nous ont
donnée nos pères, biffer le mot« égalité.»(*Longs
applaudissements.*)

Non, nous ne pouvons plus longtemps être
traités comme si nous n'existions pas. Ils sont
passés, les jours où les minorités faisaient
la loi aux majorités. Nous sommes le nombre,
et nous le prouverions si l'on osait nous refuser

les droits que nous réclamons impérieusement. (*Applaudissements.*)

Assez d'ostracisme comme cela ! Nous relevons la tête, nous exigeons notre place au soleil républicain. Nous voulons que les enfants non baptisés soient les égaux des enfants baptisés (*bravos*); que les citoyens et les citoyennes, dont le mariage n'a pas reçu la ridicule bénédiction du prêtre, n'aient pas à subir les propos inconvenants des habitués des confessionnaux (*bravos*) ; nous voulons que les cadavres des nôtres, qui s'en vont au cimetière sans l'escorte de saltimbanques lugubres, soient salués à leur passage comme ceux des juifs, des protestants et des catholiques. (*Applaudissements frénétiques.*)

Et, croyez-le, citoyens, si nous savons montrer que nous voulons bien cela, nous l'obtiendrons. Et, une fois que nous l'aurons obtenu, une fois que la libre-pensée jouira de ces droits accordés jusqu'à ce jour seulement à la superstition, une fois que la lumière ne sera plus comprimée sous l'éteignoir, oh ! alors, je vous le jure, les yeux des victimes du clergé se dessilleront, et la science accomplira partout son œuvre salutaire.

Telle est la partie morale de notre programme. Mais, je vous l'ai dit, le catholicisme se divise en deux classes d'adeptes : les croyants de bonne foi et les prêtres artisans de mensonges (*bravos*); les dupés et les dupeurs ; les ouailles qui se laissent tondre (*rires*) et les loups qui dévorent ; les exploités et les exploiteurs ; les naïfs et les fripons. (*Bravos.*)

Pour soustraire les premiers à l'influence malfaisante des croyances stupides, nous demandons que les fabricants de miracles et de dogmes soient dépossédés de leurs priviléges ; nous demandons que les libres-penseurs, cessant d'être hors le code, aient la faculté de propager leurs idées ; nous demandons que la liberté de conscience ne soit pas un vain mot, et que l'on proclame l'égalité des droits en matière de croyance, religieuse ou irréligieuse. (*Longs applaudissements.*)

Mais à côté de cette partie morale de notre programme, il y a la partie politique, et c'est la politique qui aujourd'hui domine la situation. (*Oui, oui, c'est vrai !*)

Ceux qui, dans la secte catholique, sont les imposteurs et les fripons ; ceux qui s'appellent les congréganistes, les moines et les prêtres ; ceux qui ne craignent pas de se déclarer hautement solidaires des jésuites, les pires d'entre eux ; ceux qui veulent nous imposer leur domination, qui crient au martyre quand on veut faire entrer dans le droit commun les couvents qui n'y sont pas (*bravos*) ; ceux qui, tous les jours, par leurs paroles, leurs écrits et leurs actes, attaquent la République, et sans cesse donnent l'assaut à la société moderne, ceux-là constituent le cléricalisme (*bravos*). Ce sont ceux-là que nous combattons, et nous les combattons tous, depuis leur chef le pape jusqu'au dernier de leurs sacristains. (*Applaudissements.*)

Vous le voyez, citoyens, nous sommes donc en pleine crise politique. La guerre qui commence n'est pas une guerre purement intellectuelle. Il s'agit de savoir à qui appartiendra la France. (*Mouvement.*)

Pour moi, j'ai la certitude que la victoire nous restera. Le suffrage universel est l'arme qui fera triompher le peuple (*oui! oui!*), et je sais que l'immense majorité de la nation, villes et campagnes, a, comme moi, la haine de la prêtraille. (*Bravos enthousiastes.*)

L'article 7 est le premier drapeau qui ait été levé pour rallier les adversaires du cléricalisme; la Chambre actuelle livre les premières escarmouches, et, à la Chambre actuelle, citoyens, succédera une Convention anti-cléricale. (*Applaudissements répétés.*)

C'est pour cela, citoyennes et citoyens, que, par la force des choses, nos conférences ont une grande signification.

Bien que, en elles-mêmes, elles soient purement scientifiques, la crise que nous traversons leur ajoute une autre portée.

Tout en vous instruisant, ces conférences vous groupent, et pour la lutte il faut être groupés. (*Oui, oui! bravo!*)

Suivez l'exemple de nos ennemis. Les gredins sont tous rangés autour de la bannière de Loyola. Que les honnêtes gens se rassemblent sous l'étendard de la libre-pensée! (*Triple salve d'applaudissements. — Cris: A bas la calotte! Vive Léo Taxil! — Les conseillers municipaux de Paris et les délégués des groupes de Libre-Pensée, présents à la séance, viennent serrer la main au jeune orateur.*)

TRIOMPHONS PAR L'ÉNERGIE

Discours d'ouverture d'une conférence scientifique. — Paris, V° arrondissement. — Salle des Ecoles. — Le samedi 29 mai 1880.

Citoyennes et citoyens,

Samedi dernier, ayant l'occasion de prendre la parole au XVII° arrondissement, à la conférence de la salle Lévis que j'avais l'honneur de présider, j'ai établi, — avec l'unanime approbation de l'assistance, j'ose le dire, — que les adeptes du catholicisme se divisaient en deux catégories bien distinctes : les exploiteurs et les exploités, les fripons et les naïfs, les farceurs, aussi sinistres que cupides, qui érigent en relique le premier os de mouton venu (*rires*), et les bonnes gens, ces simples d'esprit, à qui l'Evangile promet le royaume des cieux (*rires*), et qui, pour l'acquérir, donnent bêtement leur argent aux prêtres et adorent les os de mouton comme étant les précieux restes de saint Truphême ou de saint Pancrace. (*Rires.*)

Ces distinctions faites, il a été reconnu que si la pitié doit être accordée aux malheureux ignorants que le clergé et les congrégations abrutissent et dépouillent, par contre aucun ménagement ne doit être gardé envers les saltimbanques dont le véritable culte est celui de la pièce de cent sous, dont le vrai Dieu est celui qui fait bouillir leur marmite. (*Bravos.*)

Aux hommes de science, la noble mission d'éclairer les premiers ; aux lutteurs de la tri-

bune et de la presse, le soin de fajre aux se-
conds une guerre à outrance et sans merci !
(*Applaudissements.*)

Voilà ce qui a été dit samedi dernier. Aujour-
d'hui, si vous le permettez, nous allons sommairement, en quelques minutes, voir comment il
convient de combattre le cléricalisme, examiner
quelles armes les républicains militants, quelles
armes nos gouvernants eux-mêmes doivent employer pour mener à bien la campagne entre-
prise.

Eh bien, citoyens, vis-à-vis de l'ennemi, dont
notre immortel Voltaire a le premier demandé
l'écrasement, il n'y a qu'une arme à employer,
qu'une tactique à adopter : l'énergie. (*Bravos.*)

Il y a quelques jours à peine, M. le garde
des sceaux, interpellé sur la manière dont le
gouvernement entendait mettre à exécution les
décrets du 29 mars, montait à la tribune de la
Chambre, et là, dans un langage que nous ne
saurions trop louer, évoquait le souvenir des
hommes de la Convention : « Il me semble, s'é-
criait-il, que j'entends encore résonner la
grande voix de Danton ! »

Bravo, monsieur le ministre ! vous avez eu
raison de parler ainsi. Je m'en réjouis d'autant
mieux, que mon langage est un écho du vôtre.
En rappelant le souvenir de Danton, vous avez
reconnu qu'en politique la victoire appartient à
l'énergie ; car c'est Danton qui a dit : « De l'audace ! encore de l'audace ! et toujours de l'audace ! » (*Applaudissements.*)

Et cependant, que de fautes commises depuis le
jour où un membre du gouvernement s'est placé

sous le patronage de l'illustre conventionnel !
Nous avons vu d'abord le chef du cabinet déclarer que l'heure de la liberté ne devait pas encore
sonner ; nous avons vu la majorité qui se dit
républicaine (*rires*) voter, par une loi restric-
tive, anti-libérale, l'immixtion du commissaire
de police dans les réunions publiques, et placer
les orateurs et les membres du bureau sous le
joug capricieux de ce fonctionnaire ; enfin, pas
plus loin qu'hier, nous avons vu la même majorité donner son approbation à un ministre
avouant — avec un peu trop d'ingénuité peut-
être — que sa loi s'appelait l'arbitraire.

En vérité, si les hommes qui nous votent des
lois et ceux qui nous gouvernent veulent nous
faire oublier un moment toutes ces fautes, il
faudra qu'ils se rattrapent, le 29 juin, en tenant
virilement les promesses de M. le garde des
sceaux, en déployant contre les congrégations
religieuses toute la décision, toute l'énergie,
toute l'audace que nous sommes en droit d'at-
tendre d'un ministère et d'une Chambre qui
n'ont pas craint de se placer sous l'ombre gi-
gantesque de Danton. (*Mouvement.*)

Nos gouvernants seront-ils à la hauteur du
rôle que la voix souveraine de la nation leur a
imposé ? — Je ne leur fais pas l'injure de dire
que non. — La vérité est que nous les attendons
à l'œuvre. Nous avons écouté respectueusement
leurs paroles, nous les jugerons sur leurs actes.
(*Bravos.*) Et, quand le jour du scrutin viendra,
le peuple, qui est le magistrat suprême des ar-
rêts duquel on n'appelle pas, le peuple, qui est
le véritable Tout-Puissant, le peuple, dis-je,

épluchera tous nos hommes politiques. Il jettera les beaux discours au panier et ne gardera devers soi que les faits accomplis. Il mettra dans un plateau de sa balance les actes républicains et dans l'autre plateau les actes illibéraux. Et il pèsera. Et les hommes politiques, dont le poids républicain sera jugé trop faible, seront balayés par le souffle irrésistible du suffrage universel. (*Longs applaudissements.*) Ministres, députés, s'ils n'ont pas un bagage de bons votes assez lourd pour lester leurs poches, envolés!... Autant en emporte le vent. (*Rires.*)

Oui, ce que nous voulons, ce sont des actes, et des actes énergiques. Nous avons en face de nous un ennemi auquel il suffit de montrer les poings pour le faire rentrer sous terre. L'histoire nous crie que ceux qui ont pu sont ceux qui ont eu l'audace de bien vouloir. (*Bravos.*)

A deux pas de cette salle, nous apercevons la statue de Voltaire, le sublime écrivain dont la plume vigoureuse a ébranlé jusque dans ses fondements l'édifice de la superstition. Un peu plus loin, dans ce même quartier des Ecoles, c'est la maison où fut lâchement assassiné Marat, qui nous remet en mémoire ce grand calomnié, Marat l'homme des mesures énergiques, dont la mort a été si funeste à la Révolution. (*Sensation prolongée.*)

Voltaire, Marat, tous les grands citoyens qui sont nos saints à nous, dans la littérature comme dans la politique, tous ont été des hommes d'action. Aussi, voyez l'œuvre formidable qu'ils ont laissée après eux.

Pour triompher, il est nécessaire de suivre

leur exemple. Il faut aller hardiment à l'ennemi, sans regarder derrière soi, sans trembler, sans tenir à la fortune ni même à la vie, sans avoir souci des dangers auxquels on s'expose, sans apercevoir dans les ténèbres du jésuitisme le poison d'Eugène Sue ou le poignard d'Henri IV. (*Applaudissements.*)

Voilà comment doit être l'homme d'Etat qui lutte contre le cléricalisme. Abnégation et audace, telle sera sa devise, s'il a à cœur le salut de son pays.

Je le répète, citoyens : le salut de son pays ; car si, par suite du manque de fermeté de nos gouvernants, les cléricaux venaient à avoir le dessus, la République serait promptement assassinée dans un guet-apens jésuitique, la France descendrait bientôt au rang d'une simple province conquise, sous la domination inquisitoriale de saint Ignace et de Borgia. (*Bravos.*)

Mais écartons ces perspectives qui, nous le jurons, ne se réaliseront pas. La France ne veut pas être livrée en pâture aux vampires sacerdotaux ; elle est lasse de supporter sur son sol tous ces parasites ensoutanés dont la présence de la République a grand'peine à modérer les appétits.

Républicains de Paris et des départements, tous, nous voulons en finir une bonne fois avec le monstre clérical, et si les chefs, c'est-à-dire les élus, faiblissaient dans la bataille, les soldats, c'est-à-dire les électeurs, reprendraient le drapeau de Danton et feraient leur devoir. (*Applaudissements.*)

De l'audace ! de l'audace ! Il faudrait ne pas connaître les jésuites pour manquer d'énergie en présence de leurs fanfaronnades. Ces êtres-là mesurent leur hardiesse sur l'hésitation de leurs adversaires. De même, notre courage est le thermomètre de leur peur. (*Bravos.*)

Qu'on les regarde seulement bien en face, èt je vous réponds qu'ils deviendront plus plats que les punaises. (*Rires.*)

A l'heure qu'il est, grâce à la toute-puissance que nous donne le bulletin de vote, il ne s'agit plus de mettre à exécution l'admirable et si logique phrase de Diderot : « Que les boyaux du dernier des prêtres nous servent à étrangler le dernier des rois. » Non ! citoyens, non ! Nous n'avons plus, en effet, ni empereurs ni rois. Quant aux prêtres, laissons faire le suffrage universel, et, d'ici à peu de temps, nous prendrons avec des pincettes (*rires*), par le fond de ses soutanes, toute la sainte cléricanaille, et nous la jetterons de l'autre côté de la frontière.

Ainsi soit-il ! (*Rires et applaudissements.*)

RÉPUBLICANISME OBLIGE

Discours d'ouverture d'une conférence scientifique. — Paris, XVIII° arrondissement. — Salle de l'Élysée-Montmartre. — Le lundi 7 juin 1880.

Citoyennes et citoyens,

Il est des réputations qui imposent à ceux qui en jouissent des devoirs auxquels ils ne peuvent se soustraire.

Autrefois, on disait : « noblesse oblige », en sous-entendant ainsi que la noblesse avait le monopole de toutes les aptitudes et de toutes les vertus. Aujourd'hui qu'il est démontré que sous tous les rapports intellectuels et moraux la noblesse est la dernière des classes de la société, — car les échantillons de l'ancien régime sont assez piteux *(rires)* ; échantillon d'intelligence : Mac-Mahon ; échantillon de moralité : Germiny *(rires)*, — aujourd'hui, laissant la noblesse au fond de ses confessionnaux et de ses égouts, nous dressons l'ouvrier sur le piédestal de son travail, et nous lui disons : « républicanisme oblige ». *(Applaudissements.)*

Oui, citoyens, ce n'est pas tout que d'être républicain. Etre républicain a un corollaire indispensable : c'est être anti-clérical. Aimer la République implique une obligation essentielle : détester la prêtraille. *(Applaudissements.)*

Aussi, toutes les fois que je vois des citoyennes et des citoyens se constituer en sociétés de résistance au clergé maudit, je suis de cœur et d'âme avec eux.

Que signifie le mot *République*? Il signifie *la chose de tous*. Il veut dire que le gouvernement, la souveraineté politique, doit appartenir au suffrage universel, c'est-à-dire à la collection des individus d'une même patrie qui, n'ayant jamais commis des crimes ou délits de droit commun, sont dignes d'exercer cette souveraineté. République, cela veut dire aussi que l'argent doit appartenir à tous ceux qui le gagnent en travaillant, et non à ceux qui font travailler les autres (*bravos*) ; cela veut dire encore que la terre doit appartenir à ceux qui la fécondent de leurs sueurs et non à ceux qui se croisent les bras à ne rien faire. (*Nouveaux bravos.*)

Voilà la vraie, la seule exacte signification du mot *République*. Voilà ce que veulent les véritables, les sincères républicains.

Et les cléricaux, que veulent-ils? Leur programme est directement le contraire du nôtre.

Ils veulent que la souveraineté politique soit le patrimoine du noble sous la domination du prêtre. Ils veulent que le sol soit la propriété de l'aristocratie et de l'église, des châteaux et des couvents. Et, s'ils daignent consentir à ce que l'ouvrier ait son travail rétribué, c'est à la condition qu'il viendra vider son porte-monnaie dans la tire-lire de Monsieur le curé. (*Rires.*)

Vous voyez bien, citoyens, que l'on ne peut pas être à la fois républicain et clérical, partisan des droits du peuple et des priviléges du prêtre. Vous voyez que j'ai mille fois raison quand, refaisant à mon point de vue une formule célèbre, je dis : « La République sera anti-cléricale ou elle ne sera pas. » (*Applaudissements prolongés.*)

De même que le clergé ne pourrait pas exercer le pouvoir s'il proclamait le suffrage universel, de même la République ne sera pas la République, tant que le cléricalisme n'aura pas été anéanti. (*Bravos.*)

Ou démocratie ou cléricalisme, il n'y a pas à sortir de là.

Voulez-vous la République, la vraie, la République réellement démocratique, la République de l'ouvrier et des paysans ; la République de la bonne justice, celle qui n'a pas deux poids et deux mesures ; la République de l'amnistie pour aujourd'hui et de la mise en accusation des hommes du Seize-Mai pour demain (*oui ! oui !*) ; la République qui ne passe pas l'éponge sur les crimes quand les criminels sont haut placés ; la République qui poursuit tous les homicides, même lorsqu'ils sont parents du préfet de police (*bravos*) ; la République de l'instruction universelle ; la République de l'émancipation progressive de la femme (*bravos*), la République qui donne à ceux qui ne croient à rien les mêmes droits qu'à ceux qui croient à tout (*bravos*) ; la République qui ne musèle pas la presse et qui ne bâillonne pas les orateurs ; la République de la fraternité, de l'égalité et de toutes les libertés, cette République, dis-je, la voulez-vous ? (*Oui ! oui ! oui !*) — Oui ! — Eh bien, soyez d'abord anti-cléricaux ! (*Applaudissements.*)

Républicanisme oblige. Citoyens du XVIIIe arrondissement, vous êtes tous des républicains sincères et logiques, vous voulez la République avec toutes ses conséquences, vous êtes les électeurs de Clémenceau. Sachez donc qu'il ne vous suffit pas de voter en démocrates, mais qu'il vous faut encore vivre et mourir en libres-penseurs. (*Cris : Vive la libre-pensée !*)

Groupez-vous, propagez vos idées. C'est seulement le jour où la libre-pensée que vous acclamez aura un pied dans chaque commune, que la République sera vraiment indestructible. (*Applaudissements.*)

Imitez le zèle infatigable de nos adversaires ; ne vous laissez pas rebuter par l'indifférence ou l'opposition de ceux à qui vous vous adresserez; soyez les apôtres de l'irréligion. (*Bravos.*) Démasquez les ignominies de la prêtraille ; apprenez aux pères qui l'ignorent à quels dangers ils exposent leurs pauvres petits enfants quand il les confient aux calotins.

Faites comme moi. Allez partout et soufflez sans relâche dans tous les cœurs la haine de cette engeance exécrable. (*Applaudissements.*)

Car, citoyens, combattre le vice et l'hypocrisie est plus qu'un droit ; c'est une obligation pour tout homme honnête.

Attaquer le cléricalisme n'est pas faire acte d'offensive ; c'est défendre la société. (*C'est vrai!*) Quand dans une foule vous surprenez un voleur à soustraire la montre de votre voisin, vous arrêtez immédiatement le filou, n'est-ce pas ? Vous ne vous tenez pas ce raisonnement égoïste : « La montre que je viens de voir soustraire n'est pas à moi, et puis le monsieur volé m'est totalement inconnu ». Non, vous vous dites que tous les hommes sont solidaires, et vous saisissez au collet le pick-pockett qui vient d'attenter aux droits d'un de vos semblables.

Le cléricalisme, voyez-vous, citoyens, est comme un malfaiteur (*rires*) qui s'introduirait la nuit dans votre maison et qui, afin de vous dépouiller plus à son aise, commencerait par vous garrotter pendant votre sommeil.

Ainsi, quand l'homme n'est encore qu'un enfant, lorsque la nuit couvre de ténèbres son intelligence, la superstition s'introduit à pas de loup dans son cerveau; le prêtre commence d'abord par garrotter avec les ficelles du dogme le raisonnement de l'individu dont il convoite l'entière possession. Une fois sa victime solidement liée, le prêtre peut la dévaliser à plaisir ; elle est incapable de faire le moindre mouvement. L'enfant a beau se réveiller homme, il reste à la discrétion du malfaiteur. (*Applaudissements.*)

Et si vous réussissez à briser vos entraves, votre premier acte ne sera-t-il pas de sauter à la gorge de votre ennemi ? Qui osera dire que c'est vous qui attaquez? Non, lorsque dans une maison habitée vous vous jetez sur un voleur de nuit, même si vous le surprenez sous un lit, au fond d'un placard, vous n'attaquez pas, vous défendez la société, vous vous défendez. (*Bravos.*)

Ah ! citoyens, on arrête et l'on condamne les voleurs de montres et de foulards. Quand donc se décidera-t-on à supprimer les voleurs de conscience ? (*Applaudissements.*)

Je termine.

Votre qualité de républicains vous crée libres-penseurs. Libres-penseurs, vous avez la mission de combattre le cléricalisme partout où vous le rencontrerez ; qu'il soit vêtu d'une robe longue ou d'une robe courte. (*Bravos.*) Vous devez empêcher les calotins d'accomplir leur œuvre pernicieuse ; vous êtes les gendarmes de la science, du progrès et de la raison. (*Nouveaux bravos.*)

Et si quelqu'un, venant à vous, ose insinuer qu'on peut être à la fois républicain et clérical, crachez-lui au visage et dites-lui :

« Toi, tu es un faux républicain. Tu es un traître et un vendu ! » (*Les applaudissements qui accueillent la fin de ce discours durent plus d'une minute.*)

CE QU'EST LA LIBRE-PENSÉE

Conférence de Sens. — Théâtre municipal. — Le dimanche 13 juin 1880.

Citoyennes et citoyens,

Vous m'avez fait l'honneur, le grand honneur, de m'appeler au milieu de vous. Votre si estimé et si honorable maire, le citoyen Vidal, délégué par la commission de la Société de Libre-Pensée que vous venez fonder, a bien voulu, me prêtant plus d'éloquence que je n'en ai, me croire conférencier, et c'est à ce titre que je suis ici.

Si l'honneur est grand, mes chers concitoyens, je vous avoue en toute humilité que la tâche m'est un peu difficile à remplir ; car je suis plus habitué à manier la plume que la parole. Un moment même j'ai hésité à répondre à votre appel ; j'ai craint que la tâche né fût au-dessus de mes forces. Que voulez-vous ? Je n'appartiens pas à cette catégorie d'orateurs qui, passant leur vie à ne rien produire et se faisant entretenir par un personnage trop bon enfant qui s'appelle le Budget des Cultes (*rires*), prennent des mois entiers pour préparer un discours, et, une fois qu'ils le savent bien par cœur, le débitent devant un auditoire qui n'a pas le droit d'interrompre. Ils appellent cela : parler sous l'inspiration du Saint-Esprit. (*Rires et applaudissements.*)

Moi donc qui, travaillant sans cesse, — je

m'en fais gloire, — n'ai pas le temps de préparer longuement et d'apprendre une conférence, moi qui ne possède pas à mon service le pigeon céleste que les cléricaux invoquent (*rires*), je me suis trouvé, vous le comprenez, quelque peu dans l'embarras. Mais, comme d'autre part, il s'agissait de participer à une bonne œuvre, — car est-il une œuvre meilleure que celle de l'émancipation des consciences ? (*bravos*) — je me suis dit : « Si je n'ai pas la foi pour m'animer, je sens du moins en mon cœur ce qui vaut mieux que la croyance aveugle aux dogmes stupides, je sens brûler en moi, comme un feu que rien ne pourra jamais éteindre, la haine de l'imposture, et j'irai. (*Applaudissements prolongés*). J'irai, et mes amis, les républicains de Sens, me sachant gré de ma bonne volonté, excuseront mon inexpérience dans l'art oratoire et se montreront indulgents pour moi. »

J'ai alors donné à votre honorable maire ma parole que je viendrais. Cette parole, je l'ai tenue. (*Bravos.*) A vous, citoyennes et citoyens, de m'accorder toute votre indulgence.

La libre-pensée ! voilà ce dont nous avons à causer ensemble, voilà le sujet de cette conférence tout amicale, tout intime, à laquelle vous avez apporté votre précieux concours.

La libre-pensée ! savez-vous bien, citoyennes et citoyens, ce que cela est ?

Pour nos adversaires, cela est une doctrine plus abominable que toutes les hérésies. Les cléricaux, pour indiquer toute leur horreur de la libre-pensée, ont une phrase très-significative ; ils disent : « Il vaut mieux adorer le soleil, le feu, les crocodiles, comme font les sauvages, que ne rien adorer du tout, comme font les libres-penseurs. » (*Rires.*)

Ainsi, nous voilà classés. Au point de vue des cléricaux, nous sommes au-dessous des sauvages. Très-bien. Rendons à ces aimables adorateurs du dieu en trois morceaux la monnaie de leur pièce. (*Rires.*) A notre point de vue, à nous aussi, ils sont, sous le rapport de l'intelligence, au-dessous des nègres et des peaux-rouges. (*Bravos.*) Ceux-ci, bien certainement, ont tort de faire des dieux du soleil, qui est un astre ; du feu, qui est un simple phénomène physique produisant une combustion accompagnée de chaleur et de lumière ; du crocodile, qui est un affreux lézard amphibie ; mais du moins les sauvages n'adorent-ils que ce qu'ils voient. Les cléricaux, eux, adorent ce qu'ils ne voient pas, ce que personne n'a jamais vu. (*Rires et applaudissements.*)

Donc, pour les gens qui croient à l'infaillibilité du pape, nous sommes les plus exécrables suppôts de l'enfer, en supposant qu'il y ait un enfer (*rires*) ; c'est Satan lui-même qui est en nous, en supposant qu'il existe quelque part un monsieur du nom de Satan. (*Rires.*)

Et je vous prie de remarquer, en passant, une des petites contradictions de ces bons curés. Satan, disent-ils, habite l'âme des libres-penseurs. Or, comme il y a fort heureusement pas mal de libres-penseurs, voilà Satan qui se trouve dans beaucoup d'endroits à la fois. Pourquoi alors ces chers calotins nous affirment-ils, d'autre part, que Dieu est tout-puissant ; que Dieu seul a le don d'ubiquité, c'est-à-dire peut se trouver en même temps en mille lieux différents? C'est là un des nombreux mystères inhérents à celui déjà si compliqué de l'Eucharistie. Si le diable habite l'intérieur de chacun de nous qui sommes ici, Satan a donc la faculté de se multiplier aussi bien que Dieu, Satan est donc encore un personnage tout-puissant. (*Rires prolongés.*)

Mais, passons. S'il nous fallait examiner toutes les contradictions de la sainte religion catholique, apostolique et vaticanarde, notre réunion pourrait se prolonger outre mesure. Nous aurions à rire pour au moins toute la semaine. (*Voix : Oh ! oui!*) Ce serait trop. Nous voulons bien nous égayer un moment des joyeuses bêtises que les dévots appellent articles de foi, mais nous ne tenons cependant pas à nous plonger dans une gaîté perpétuelle. Rire est bon ; mais s'instruire est meilleur. (*Voix nombreuses : Très-bien! bravo ! bravo !*)

D'ailleurs, messieurs les curés disent bien que Satan est en nous; mais ces gens-là sont tellement menteurs, qu'ils sont les beaux premiers à ne pas croire un mot de ce qu'ils disent. (*Rires.*) Et la preuve, c'est que dans un certain temps, — qui heureusement ne reviendra plus, — messieurs les curés brûlaient les libres-penseurs. Or, je vous le demande, est-ce infliger un supplice à Satan, le locataire de notre intérieur, que le jeter dans les flammes si vulgaires

de notre monde matériel? (*Rires et applaudissements.*)

✕

Je reviens à ce mot *Libre-Pensée*, qui est
le sujet de cette conférence.

Ce mot, pour nos adversaires, est très-difficile
à définir. Aussi ne prennent-ils pas la peine de
le faire.

Autrefois, ils disaient : « Tu es libre-penseur,
je te brûle. »

Maintenant qu'il n'y a plus moyen de brûler
personne (*Une voix : Heureusement !…*), ils
se contentent de se voiler la face en s'écriant :
« La libre-pensée, c'est l'abomination de la
désolation ! » (*Rires.*)

Voilà ce qu'ils disaient hier, voilà ce qu'ils
disent aujourd'hui ; voulez-vous savoir ce qu'ils
diront demain ?

Demain, ou, si vous préférez, quand les sociétés de Libre-Pensée couvriront la France
entière, quand nos assemblées législatives seront non-seulement républicaines, mais encore
anti-cléricales (*oui ! oui !*), quand la Chambre,
s'inspirant des vraies aspirations du pays, aura
proclamé la séparation de l'Eglise et de l'Etat
(*longs applaudissements*), quand le ministère
de l'instruction publique ne sera plus en même
temps le ministère de la superstition (*bravos*),
demain, dis-je, tous ces misérables qui ont assassiné nos chefs dans les tortures du Saint-
Office, tous ces cafards qui nous lancent à présent leurs anathèmes et qui nous excommunient
faute de pouvoir nous brûler vifs, ils viendront

à nous, humbles, hypocrites, rampants, et, avec du miel sur les lèvres et de la perfidie dans le cœur, ils nous diront : « Citoyens, vous êtes libres-penseurs ; vous mettez en tête de votre programme la liberté de penser ; reconnaissez-nous donc le droit d'enseigner le catéchisme, laissez-nous former la jeunesse aux principes de la foi, permettez-nous de pétrir le cerveau de l'homme, comme nous l'avons toujours fait, et de lui inculquer la croyance à nos dogmes ».

Eh bien, non ! nous ne permettrons pas cela ! (*Applaudissements.*) Non, liberté de penser ne signifie pas liberté de fausser les intelligences ! *Applaudissements*). Non, proclamer la libre-pensée ne veut pas dire autoriser la mise en esclavage de la pensée ! (*Bravos prolongés.*)

La libre-pensée, c'est la conscience n'obéissant qu'aux lois de la nature et de l'honneur, c'est la pensée vraiment libre et débarrassée de toutes ses chaînes. (*Double salve d'applaudissements. Cris : Vive la République ! Vive la libre-pensée !*)

Transportons dans l'ordre physique ce qui est dans l'ordre intellectuel.

Supposez, par exemple, que la liberté de la vue ait été mise en discussion, comme cela s'est fait si longtemps pour la liberté de conscience. Les mesures que jusqu'à ce jour on a prises pour empêcher l'homme de penser librement, admettez un instant qu'on les prenne pour empêcher l'homme de voir librement.

Imaginez qu'un certain nombre de personnes se sont mis dans la tête qu'il est absolument nécessaire, soit pour maintenir la tranquillité publique, soit pour tout autre dessein de grande importance, que tous les hommes aient la même croyance touchant certains objets de la vue, et que, pour en venir au but qu'elles se sont proposé, ces personnes obligent tous ceux qui sont sous leur autorité de signer et de suivre une profession de foi oculaire.

Cette tyrannie serait insupportable, n'est-ce pas ? Un jour viendrait où la révolte s'emparerait de tous ces citoyens asservis à ne porter leur vue pas plus loin que telles et telles limites, à ne regarder que de telle et telle façon. On abattrait les murailles, on élargirait les horizons, on proclamerait la liberté de la vue. (*Très-bien ! bravo !*).

Eh bien, poursuivant ma comparaison, je suppose qu'à ce moment les despotes vaincus viennent nous tenir ce langage : « La liberté de voir que vous mettez en tête de votre programme, c'est la liberté de mal voir et d'apprendre aux autres à mal voir, c'est la liberté de rendre les gens aveugles ou tout au moins de les faire loucher. (*Rires.*) Vous, grandes personnes, étendez vos regards aussi loin qu'il vous sera possible ; nous ne nous y opposons pas, puisque nous ne pouvons plus vous en empêcher (*rires*) ; mais, de grâce, laissez-nous réédifier des murailles pour plonger les enfants dans l'obscurité, laissez-nous enseigner que ce qui est noir est blanc, et que ce qui est blanc est noir ; laissez-nous poser sur les yeux de

la jeunesse des lunettes spéciales qui feront
voir aux nouvelles générations les objets de la
couleur que nous voudrons ».

Voyons, citoyens, si l'on venait vous dire
cela, que répondriez-vous ?

Vous répondriez : « Proclamer la liberté de
la vue, c'est mettre tout le monde en mesure de
voir bien, de voir loin et de voir juste. (*Oui!
Oui!*) S'il plaît à quelqu'un de fermer les yeux
à la lumière, il en est le maître ; mais on doit
donner d'abord à tout le monde la lumière, et
personne ne peut essayer de mettre son voisin
dans l'obscurité. » (*Bravos*).

Telle est la libre-pensée ; c'est dans l'ordre
intellectuel ce que serait la libre-vue dans l'ordre physique. (*Applaudissements.*)

$\times$

Au reste, soyez bien certains d'une chose :
c'est que du jour où messieurs les curés ne seront plus subventionnés par l'Etat, du jour où
le gouvernement ne leur accordera plus argent
et protection, cette race de parasites ira en s'a-
moindrissant et tendra promptement à s'anéantir d'elle-même.

Ces êtres-là sont comme les limaces baveu-
ses. Les limaces sortent de terre avec la pluie.
De même, lorsqu'il pleut de la monnaie, les
curés se montrent (*rires*) ; on ne rencontre plus
que cela, il en sort de partout, vous ne pouvez
pas faire un pas sans mettre le pied dans une
soutane. Faites la sécheresse, soutanes et curés
disparaîtront. (*Longs applaudissements.*)

Mais si, le jour où les ministres du culte seront réduits à travailler pour vivre, si par impossible ce jour-là il restait encore un de ces noirs corbeaux,—qui serait alors un vrai merle blanc (*rires*), — il faudrait avoir pitié de lui quand il viendrait vous dire : « Laissez-moi enseigner que les coquelicots sont bleus, qu'il fait jour à minuit et que la meilleure manière de voir consiste à tenir ses yeux fermés. » (*Rires.*) Celui-là, ce n'est pas à la Roquette qu'il faudrait l'envoyer ; c'est à Charenton. (*Rires et applaudissements.*)

Résumons donc en une définition concise tout ce que je viens de développer.

Le libre-penseur est celui qui, indépendant de toute foi dogmatique, veut donner, donne et maintient à l'homme le droit de penser librement dès l'instant même de sa naissance. (*Applaudissements frénétiques.*)

Ayant défini le mot, nous allons maintenant, si vous le permettez, citoyennes et citoyens, nous allons voir à l'œuvre les partisans de l'idée.

Et d'abord, disons que les actes des libres-penseurs sont écrits en lettres d'or dans les annales de l'humanité. (*Bravos.*)

Oui, citoyens, c'est par la libre-pensée et avec son auxiliaire constant que se sont accomplis tous les progrès dans les sciences et dans la civilisation. Nous avons le droit d'être fiers de nos aînés ; tous les inventeurs, tous les grands génies, qui ont donné l'impulsion aux peuples étaient des libres-penseurs. (*Bravos.*) Mais toujours aussi, vous le savez, ces initiateurs indépendants ont été persécutés par les gouvernements et par les prêtres, qui avaient intérêt au maintien des vieilles erreurs et des vieux abus. Si bien que l'on peut affirmer ceci : l'histoire de la libre-pensée est le martyrologe de la science. (*Applaudissements.*)

Socrate est le premier novateur qui paie de sa vie le crime d'avoir voulu ouvrir des horizons nouveaux à la croyance humaine. Et cependant ses idées en matière de libéralisme intellectuel ne peuvent pas être taxées d'exagération. La libre-pensée à son époque entrevoyait à peine le jour ; Socrate ne niait pas Dieu, mais il professait des idées trop larges sur la divinité. Socrate fut condamné à boire la ciguë.

Anaxagore, un autre grand esprit de l'antiquité, eut le courage — à son époque c'en était un — d'écrire un livre sur la nature. « L'homme, disait-il, doit puiser dans la contemplation de la nature la connaissance de toutes choses. » Et il ajoutait : « Nulle puissance ne peut changer l'ordre du monde. » (*Bravos.*) Les prêtres crièrent à l'athéisme. Anaxagore fut jugé et condamné à mort. « La nature nous y a depuis longtemps condamnés, mes juges et moi, » répondit-il. (*Applaudissements.*) Il fallut toute l'influence de Périclès pour obtenir que la peine capitale prononcée contre le philosophe libre-penseur fût commuée en celle de l'exil. Anaxagore quitta donc Athènes et se réfugia en Ionie, où il mourut dans le plus complet dénuement. (*Mouvement.*)

Aristote lui-même, qui n'était certes pas un

athée, ayant voulu introduire quelques sentiments philosophiques contraires aux croyances
de son temps, Aristote fut obligé de s'expatrier.

A Rome, les libres-penseurs furent moins in-
quiétés qu'en Grèce. A un moment donné même,
les opinions religieuses et les opinions irréli-
gieuses purent se manifester avec une parfaite
égalité de droits.

Cicéron professait le scepticisme, comme
plus tard Voltaire. Lucrèce était complétement
athée, comme plus tard d'Holbach et Diderot.
D'ailleurs entre le scepticisme et l'athéisme, il
n'y a qu'une faible nuance : l'athée croit à une
négation, le sceptique ne croit à rien, pas plus
à la négation de Dieu qu'à son affirmation ; le
sceptique, en un mot, ne croit que ce qu'il voit,
que ce qui tombe directement sous son sens ou
sa compréhension. Quelqu'un, dont je regrette
d'avoir oublié le nom, a dit : « Le véritable athée,
c'est le sceptique. »

Revenons à nos Romains. Sur le théâtre de la
ville de Lucrèce et de Cicéron, on est allé jusqu'à chanter : *Post mortem nihil est, ipsaque
mors nihil.*— Vous voyez qu'à l'instar de messieurs les curés, je fais des citations dans mes
conférences ; seulement, mes citations, à moi,
ne sont pas en latin de sacristie. (*Rires.*)— Ce
qui se chantait sur le théâtre de Rome signifiait :
« Il n'y a plus rien après la mort, et la mort elle-
même n'est rien. (*Bravos.*)

Je n'ai pas besoin d'ajouter que cette Rome
où se chantaient de pareils cantiques n'était pas
la Rome des papes. (*Rires.*) Sous les pontifes,
dont les prototypes sont Mastaï Pie IX et Alexan-

dre VI Borgia, c'est-à-dire l'imbécillité et le crime (*applaudissments*), sceptiques aussi bien qu'athées auraient été livrés aux plus épouvantables supplices (*Une voix : C'est leur manière de comprendre l'humanité.*)

Il suffit de jeter un coup-d'œil sur l'histoire de l'Eglise pour se convaincre que les farouches sectateurs de Jupiter étaient moins barbares que les sectateurs de Monsieur Dieu (père, fils et saint-esprit). (*Rires.*) Les ministres du culte païen se sont contentés de faire périr Socrate. La prêtraille catholique, elle, tourmentait ses victimes de la manière la plus féroce ; les papes avaient, pour les libres-penseurs qu'ils condamnaient, des raffinements de cruauté.

Je vais vous citer quelques exemples. (*Vif mouvement d'attention.*)

Campanella fut appliqué sept fois à la question pour avoir approfondi les mystères de la génération et affirmé que le nombre des mondes est infini.

William Harvey, le célèbre physiologiste, fut persécuté d'une façon indigne. Sa maison fut mise au pillage, ses livres furent brûlés, et il s'en fallut de peu qu'il ne fût brûlé lui-même. Et voulez-vous savoir de quel forfait cet homme s'était rendu coupable ? Harvey était un savant qui s'était voué à l'étude du corps de l'homme et des autres animaux. Pour découvrir les secrets de la nature, il n'est pas de tour de force qu'il n'ait accompli. Il était arrivé même à faire l'expérience suivante : il prenait un serpent bien vif, réussissait à s'en rendre maître, lui ouvrait une partie du corps à l'aide de son bistouri, et liait les veines au-dessous du cœur. Alors, il étudiait et réfléchissait. Il constatait que le cœur et son canal au-dessus du lien se rident ; la veine cave liée, le cœur se vide, languit dans ses mouvements et paraît mourir. Puis, poursuivant cet examen dangereux, il changeait de système : il liait les artères à quelque distance du cœur, et alors il constatait que cette fois le cœur, au lieu de se vider, se gonflait, rougissait, devenait liquide et semblait suffoquer. Et le savant physiologiste étudiait et réfléchissait encore. Et c'est à force d'expériences de vivisection qui souvent mettaient ses jours en péril, c'est à force d'études et de réflexions que William Harvey a fait cette immense découverte dont la science médicale lui sera éternellement reconnaissante : la circulation du sang. Et c'est contre cet homme que la superstition s'est acharnée, c'est lui que les prêtres ont tenté de mettre à mort, ce sont ses ouvrages presque entièrement terminés qu'ils ont livrés aux flammes et qui sont aujourd'hui à jamais perdus ! (*Marques d'indignation.*)

Citoyens, saluons la mémoire du savant, victime de la prêtraille, et maudissons les propagateurs de ténèbres, maudissons les hommes noirs. (*Applaudissements répétés.*)

Et l'histoire de Jordano Bruno, voulez-vous que je vous la raconte ? (*Oui ! oui !*)
Jordano Bruno était un jeune moine qui vivait

au seizième siècle. Né aux pieds mêmes du Vésuve, il avait pour ainsi dire dans son âme ardente toutes les laves du volcan.

Un beau jour qu'il était plongé dans la méditation au fond de son cloître, voilà que l'esprit du doute l'envahit. Il se demande comment Marie, la mère de Jésus, peut avoir enfanté en restant vierge (*rires*); il lui paraît étrange, impossible, que le morceau de pain blanc nommé Eucharistie puisse contenir trois êtres vivants n'en formant qu'un seul. (*Rires.*) Ces absurdités mystérieuses révoltent sa jeune intelligence.

Il va trouver son supérieur, lui parle en toute franchise, l'accable de questions, lui expose combien il lui répugne de croire sans comprendre. Le supérieur lui répond que, si l'on ne croyait que ce que l'on voit et que ce que l'on comprend, la foi n'aurait aucun mérite (*rires*), et il lui défend, sous peine des flammes éternelles, de chercher à approfondir les divins mystères.

Jordano Bruno, avide d'indépendance, méprise les menaces de l'enfer, dont l'existence ne lui paraît du reste pas bien prouvée. Il jette le froc et quitte son couvent. Il rentre dans le monde, et, seul, loin des autels, il pense et se convainc qu'il est ridicule d'admettre comme vrai ce qui est contraire à la nature, à la logique, au bon sens. (*Applaudissements.*)

Il prend en pitié les masses à qui le clergé fait croire ce qu'il veut; il veut arracher les intelligences à la domination des prêtres; il veut faire passer dans tous les cerveaux les lumières dont il vient d'être illuminé. Il y a eu des

apôtres de l'erreur, il sera l'apôtre de la raison.
(*Bravos !*)

Et le voilà qui part, qui court à travers les provinces de l'Italie, défendant partout la vérité contre le mensonge, opposant à la foi aveugle le scepticisme clairvoyant.

De Naples, il vole à Gênes, à Nice, à Milan, à Venise. Partout il intéresse, il inquiète, il étonne. A sa voix, les peuples sortent de leur engourdissement intellectuel, et les prêtres frémissent. Chassé par ceux-ci de ville en ville, il se décide, à trente ans, à quitter l'Italie, pour aller répandre dans toute l'Europe la fièvre d'opposition et d'innovation dont il est consumé.

Quel est son but? Bruno n'aspire point à un rôle politique, et c'est là son tort. Tout entier à la révolte de sa conscience, il ne cherche à atteindre qu'un seul résultat : éclairer les esprits de ses contemporains. Il ne songe pas un instant à se demander si, pour combattre efficacement le spirituel, il ne devrait pas rechercher un appui dans le temporel. Il va droit son chemin, sans se soucier des colères sourdes, mais violentes, qu'il accumule derrière lui. Il néglige la politique, il concentre toute son activité dans le domaine des idées.

Sur ce terrain, il ne respecte aucune autorité et marche audacieusement à une révolution générale.

Quelles étaient alors les grandes puissances intellectuelles ? l'école, l'église, la religion chrétienne. Bruno attaque tout cela. Ce qui dominait dans l'école et dans l'église, c'était la logique et la physique d'Aristote, avec l'astronomie de Ptolémée, c'est-à-dire tout un système adroitement adapté au dogme chrétien.

A la logique d'Aristote, Bruno en substitue une nouvelle dont il emprunte le germe à Raymond Lulle ; à l'astronomie de Ptolémée, il oppose celle de Copernic et de Pythagore ; à la physique d'Aristote, à son monde fini, à son ciel incorruptible, il oppose l'idée d'un monde infini, livré à une évolution universelle et éternelle. — A ceux qui lui disaient : « Il faut suivre les traditions et croire ce que l'église inspirée par le saint-esprit nous révèle », il répondait : « Non ! nous ne devons suivre que les inspirations honnêtes de notre conscience, et nous n'avons à subir, en fait de lois intellectuelles, que celles qui nous sont dictées par notre raison. » (*Bravos.*) Et il ajoutait : « L'autorité n'est pas hors de nous, mais au dedans. » (*Applaudissements.*) — La science positive, tel était son évangile ; l'évidence rationnelle, tel était son code. Au milieu de ce siècle encroûté dans les vieilles rengaînes théologiques, voilà le bagage qu'emporte Jordano Bruno quand il quitte le clocher, la patrie, l'église, pour entreprendre sa croisade européenne, pour aller, sans autre appui que son courage, déclarer la guerre à toutes les autorités établies, défier tous les pouvoirs spirituels, braver les foudres de l'école et de la religion. (*Bravos*).

Nous le voyons à Genève, à Lyon, à Toulouse, à Paris où il séjourne deux fois. De là, il gagne l'Angleterre, où il soutient une lutte merveilleuse et terminée à son avantage contre tous les docteurs de l'Université protestante d'Oxford ; car Jordano Bruno n'attaquait pas seulement le catholicisme, il attaquait toutes les superstitions. (*Bravos.*)

Puis, il passe en Allemagne. Toutes les grandes villes, Marbourg, Wittemberg, Prague, Helmstœdt, Francfort, entendent ses accents convaincus. Applaudi ou conspué, il est infatigable. Quel homme ! voyez quel chemin parcouru ! songez, citoyens, qu'à cette époque il n'y avait pas de chemins de fer. Quel grand et admirable apôtre que ce Jordano Bruno ! (*Applaudissements.*)

Mais l'orage de colère que ses prédications ont amoncelé est près d'éclater. Bruno commet l'imprudence de rentrer en Italie. Il aimait tant le beau ciel bleu de sa patrie ! Il y avait si longtemps qu'il en était privé !

L'Italie, quoique divisée en petits Etats ou Républiques, l'Italie était soumise à l'autorité spirituelle du pape.

L'Inquisition y régnait en souveraine maîtresse ; il n'était pas une province, pas une ville qui n'eût son tribunal du saint-office. Le 4 septembre 1592, le père inquisiteur fit arrêter à Venise Jordano Bruno.

C'est alors que commence la longue passion de ce libre-penseur, de cet homme mille fois plus grand que le Christ. (*Applaudissements.*)

On l'enferme dans la prison appelée les plombs de Venise. Là, les détenus rôtissent dans la chaleur étouffante d'une cellule couverte de plombs sur lesquels le soleil darde ses rayons les plus chauds. L'hiver venu, on jette Jordano

Bruno dans une autre prison appelée les Puits ; ce nom vous indique quel genre de souffrances on y endurait. Ces cachots étaient ceux que le gouvernement mettait à la disposition des juges infâmes du saint-office.

Pendant qu'à Venise on torturait le malheureux Bruno, le pape Clément VIII faisait rédiger par le conseil des cardinaux la demande d'extradition. Les doges savaient quel sort attendait à Rome le philosophe ; ils voyaient par quelles tortures les inquisiteurs préludaient au supplice final ; ils hésitèrent longtemps à livrer Bruno aux bourreaux du pape. Un moment même, le gouvernement vénitien refusa l'extradition ; mais il eut la faiblesse de presque tous les gouvernements (*bravos*), il s'arrêta à une demi-mesure, il n'eut pas le courage d'ordonner la mise en liberté du détenu. Jordano Bruno ne fut pas remis entre les mains des estafiers de Clément VIII, mais il resta entre celles des prêtres de Venise. Les prêtres attendirent, les griffes serrées sur leur proie. (*Mouvement.*)

La cour pontificale mit en jeu toutes ses influences. Au bout de six ans, six ans d'incertitudes cruelles pour celui que l'on martyrisait lentement, sourdement et lâchement, au bout de six années, Jordano Bruno fut livré au pape.

Voici ce qu'on lisait dans la demande d'extradition formulée par le cardinal Santorio di San-Severina, grand inquisiteur :

« Cet homme est non-seulement hérétique, mais hérésiarque ; il a prêché et écrit différentes choses touchant la religion et contraires à la foi, quoiqu'il s'exprimât en philosophe ; il est apostat, ayant d'abord été dominicain ; il a vécu nombre d'années à Genève et en Angleterre, pays hérétiques. »

Après cet exposé, le grand inquisiteur énumérait tous les actes du prévenu, comme s'il ne l'eût jamais perdu de vue depuis vingt ans.

Jordano Bruno arriva à Rome, brisé de souffrances ; son corps était boursouflé de tumeurs contractées dans les cachots humides et malsains de la prison des Puits. Mais, si le corps était abattu, l'âme vibrait plus vaillante que jamais : Jordano Bruno était de ceux qui ne faiblissent pas ! (*Bravos.*)

Il comparut donc devant le tribunal de Rome, le courageux philosophe. On le somma de déclarer qu'il s'était trompé en professant un enseignement contraire aux conciles. — « Jamais ! répondit-il. Le jour où j'ai quitté l'Eglise, j'ai abjuré l'erreur ; mais la vérité ne se renie pas ! » (*Bravos.*)

Les supplices commencèrent. Pendant huit jours, on le priva de sommeil. Il fut assis et garrotté sur un banc ; à côté de lui, se trouvaient deux bourreaux qui, chaque fois qu'il fermait les yeux, lui appliquaient de grands soufflets. Il y avait de quoi devenir fou. Bruno était d'un tempérament fortement trempé ; il résista.

On lui fit subir la *veglia*. La veglia consistait en un petit escabeau de bois de l'aspect le plus anodin, qui était taillé, à sa partie supérieure, en forme de diamant. C'est sur cette pointe qu'on assit le martyr, de façon que la colonne vertébrale portât tout le poids du corps. Au bout de quelques minutes de souffrance atroce,

Bruno s'evanouit. On lui fit subir la veglia trente fois dans un seul mois. (*Mouvement d'indignation.*) Ce supplice horrible avait l'avantage pour les persécuteurs de ne pas compromettre trop vite l'existence de la victime. Trente fois, on espéra arracher une abjuration à Bruno au moyen de cette torture épouvantable. Bruno s'évanouit, mais il ne demanda pas grâce.

Pas un détail de cette lugubre mise en scène ne fut oublié pour épouvanter le malheureux. Pendant qu'il était assis sur l'escabeau, on plaçait un miroir devant lui afin de l'effrayer par le spectacle affreux qu'il se donnait à lui-même. (*Exclamations indignées.*)

Puis, voyant qu'on ne venait pas à bout de ce caractère indomptable, on lui appliqua la question extraordinaire.

Bruno était attaché sur un banc, de grosses pierres pendues à ses mains. Des brasiers étaient placés sous les aisselles, de façon à ne pas le brûler, mais à lui faire endurer tous les tourments d'une cuisson lente. Les os des jambes étaient serrés dans un étau de fer. Les pieds, chaussés de grandes bottines poreuses, étaient arrosés d'huile bouillante (*Cris : oh ! oh ! c'est affreux !*)

Quatre médecins de l'inquisition se tenaient là, arrêtant le supplice quand Bruno faiblissait, calculant le degré de sa sensibilité, lui mesurant la souffrance. (*Nouvelles marques d'indignation.*)

Et, à chaque relai qui était ordonné par les médecins afin de conserver toujours vivante la victime, le cardinal San-Severina disait à Jordano Bruno d'une voix hypocrite :

« Songez, mon frère, que les tourments que vous endurez ne sont rien auprès des tourments de l'enfer qui vous attendent si vous persistez dans votre hérésie. C'est pour votre salut, c'est pour le bien de votre âme, qui nous est chère, que nous infligeons, en en gémissant, ces douleurs à votre corps. Si ce faible aperçu des tortures éternelles pouvait vous ramener, mon frère, à des sentiments religieux, nous bénirions le ciel de nous avoir permis d'opérer ainsi votre conversion. »

Et Bruno regardait les misérables avec mépris, et le supplice recommençait.

Tous les raffinements de cruauté qu'il est possible d'imaginer, il les endura. Les bourreaux espéraient que le philosophe se laisserait vaincre. Les tortionnaires ménageaient précieusement son existence : on lui faisait reprendre des forces ; après l'avoir meurtri, on le soignait durant des semaines entières, et, sitôt qu'il était rétabli, les tortures reprenaient de plus belle. Bourreaux et médecins se livraient sur le corps de ce martyr à une lutte scientifique, chacun déployant son art pour la plus grande gloire de Dieu.

Bruno eut les membres disloqués par l'estrapade et le chevalet ; on le chaussa de brodequins de fer qui écrasaient ses pieds en se resserrant au moyen d'une vis. On lui versa, d'autres fois, de l'eau, goutte par goutte, dans la bouche, jusqu'à ce que son corps ne pût plus en contenir. Un procès-verbal de torture de l'époque dit ceci ; « Le patient ressemblait à un cétacé, rendant l'eau par toutes les ouvertures de son corps. » (*Exclamations indignées.*)

Une autre fois, — ô suprême barbarie! — on le suspendit par les ongles avec des tenailles. (*Cris d'horreur.*)

On est épouvanté quand on songe à tant de scélératesse ; on reste en admiration devant cet homme bravant tous les supplices (*Oh! oui! bravo! bravo!*); on se demande comment, malgré l'habileté des médecins de l'inquisition, il put y résister.

La vérité m'oblige à dire que les prêtres prenaient leur temps ; ils ne se montrèrent pas pressés d'en finir avec ce héros.

Sans compter les six années de réclusion qu'il passa sous les Plombs et dans les Puits de Venise, — sans les compter, entendez-vous! — Jordano Bruno eut à souffrir les tortures spéciales de l'inquisition durant l'espace de deux ans. (*Murmures : oh! oh! l'indignation est à son comble dans l'auditoire.*)

Deux ans d'agonie! deux ans de passion! Et l'on viendrait nous parler du Christ? Allons donc! les martyrs de la libre-pensée ont autrement souffert que l'homme problématique du Golgotha! (*Longs applaudissements.*)

Le 17 février de l'an 1600, sous le pontificat du pape Clément VIII, le tribunal de la Sainte-Inquisition, jugeant « que les expériences étaient suffisantes et n'avaient pas abouti », regrettant « de n'avoir pu sauver un malheureux, abandonné de Dieu lui-même, et destiné, à raison de ses crimes, à mourir dans l'impénitence finale », condamna Jordano Bruno « à être puni avec autant de clémence qu'il se pourrait et sans effusion de sang. »

Le texte latin de l'arrêt que l'histoire nous rapporte le dit en propres termes :« *Ut quam clementissime et citra sanguinis effusionem puniretur.* » — Traduction mot à mot : « Qu'il soit puni de la façon la plus clémente possible et sans effusion de sang. »

Et savez-vous, citoyens, ce que signifiait cette sentence ?

Elle signifiait que Jordano Bruno allait être brûlé vif. (*Mouvement prolongé.*)

O misérables ! ô monstres d'hypocrisie ! ô prêtres, voilà ce que vous êtes ! (*Applaudissements.*) — Et pour toi, catholicisme, la condamnation de Jordano Bruno est sur ton front une marque honteuse que rien ne pourra jamais effacer ! (*Applaudissements.*)

Le bûcher de ce grand citoyen, contre lequel on n'avait pu relever d'autres crimes que des prédications scientifiques et des idées contraires à la foi chrétienne, ce bûcher s'élève victorieux contre la superstition, et, plus éclatant de gloire que tous les crucifix, il est le Calvaire de la Libre-Pensée. (*Double salve d'applaudissements.*)

Oui, ce bûcher est pour nous un Calvaire rayonnant ; car du haut du monceau de bois résineux sur lequel il brûlait, Jordano Bruno, avant d'expirer, jeta pour la dernière fois à ses bourreaux cet axiome éternellement juste: « L'évidence est la preuve unique du vrai, et, quand l'évidence manque à l'homme, l'homme doit

douter. » (*Les applaudissements redoublent
de frénésie ; l'enthousiasme est indescrip-
tible. Les assistants, remarquant que le
conférencier est tout en sueur, lui crient :
Reposez-vous ! Reposez-vous ! — Après
quelques instants de repos, Léo Taxil re-
prend.*)

✕

Vous avez admiré le plus vaillant des libres-
penseurs du moyen âge ; vous avez applaudi à
son abnégation si profonde, si complète ; mais
tous les savants n'ont pas l'intrépidité stoïque
de Bruno.

Il en est un, illustre entre tous, que la pers-
pective de la torture effraya et qui, trop faible
pour lutter, rétracta l'enseignement qu'il avait
donné. Pardonnons-lui sa défaillance à cause
de son âge. Les cendres du bûcher de Jordano
étaient d'ailleurs encore chaudes. Ce savant
était un vieillard, il avait soixante-dix ans, et
vous savez que généralement, plus on approche
de la tombe, plus on tient à la vie. Ne jetons
donc pas la pierre à cet homme à cheveux blancs,
et, considérant sa faiblesse comme un malheur
pour lui, découvrons-nous avec respect et pitié
devant le malheur de Galilée. (*Mouvement.*)

C'est à Galilée que nous devons l'invention
du thermomètre, de la balance hydrostatique,
du télescope, l'application du pendule à la mesure du temps, et cette découverte splendide
qui a été le point de départ de toute une astronomie nouvelle : la rotondité de la terre.

Avant Galilée, vous n'êtes pas sans le savoir, on croyait que la terre était plate et que le soleil marchait. On se fiait aux apparences. Les habitants du monde civilisé n'avaient jamais franchi telles et telles limites, et ils pensaient qu'en dehors de leur continent, dont ils ne connaissaient pas même l'extrémité, il n'y avait plus d'autre continent.

Galilée parut. Son télescope à la main, il sonda l'immensité du ciel, et arracha aux profondeurs de l'espace le secret des soleils, des planètes et des étoiles. Puis, contrôlant par les mathématiques le résultat surprenant de ses investigations, il découvrit et comprit la vérité. Des études persistantes sur l'horizon l'amenèrent à conclure que la terre est d'une conformation sphérique, et, cela admis, le phénomène du jour et de la nuit lui indiqua que notre globe pivote sur lui-même, tout en tournant autour du soleil.

Aujourd'hui que nous savons tout cela, aujourd'hui que Christophe Colomb a fait connaître à notre vieux monde un autre continent jusqu'alors ignoré, aujourd'hui que la navigation démontre par une pratique constante qu'en partant d'un point de la terre et en allant toujours droit devant soi on finit par revenir au même point, aujourd'hui, dis-je, nous n'apprécions pas, comme il le faudrait, le génie de Galilée. (*Bravos.*)

Que de recherches cependant, quelle somme incalculable de science, quelle ténacité dans l'art de tirer les déductions, quelle profondeur de vues, quelles étonnantes connaissances astronomiques et mathématiques il a fallu à cet homme pour qu'il ait pu parvenir à se convaincre théoriquement de ce que la pratique seule devait plus tard démontrer ! (*Bravos.*)

Ah ! il y a des moments où l'on se demande si ce n'est pas pour conserver le produit de tant de travaux, si ce n'est pas pour empêcher la destruction de ses livres, de ses calculs et de ses instruments que Galilée consentit à subir la honte de s'agenouiller devant le saint-office.

Jordano Bruno sacrifia sa vie à la libre-pensée. Galilée a fait à la science de l'avenir le sacrifice de son amour-propre. (*Applaudissements.*)

C'est en pleurant de rage que l'illustre astronome a signé la rétractation de ce qu'il savait être la vérité, et si, dans tout ce procès, quelqu'un mérite les malédictions de l'histoire, c'est ce pape Urbain VIII, assez méprisable, assez cruel pour persécuter un vieillard de soixante-dix ans. (*Longs applaudissements.*)

Les découvertes de Galilée donnaient un éclatant démenti à la bible et aux prophètes, ces prétendus inspirés de Dieu. Au panier, la légende de Josué arrêtant le soleil ! En affirmant la rotondité de la terre et la pluralité des mondes, Galilée prenait le Père Eternel en flagrant délit de mensonge et le souffletait sur les deux joues. (*Applaudissements frénétiques.*)

Il fallait bien, prêtres imposteurs et effrontés, que cette insulte fût lavée dans une humiliation quelconque de l'insulteur. Vous vous êtes constitués les champions du Très-Haut, et, grâce à l'épouvante que vous inspiriez, vous avez arraché des excuses à un vieillard !

Mais c'est là une victoire dont vous n'avez pas lieu de vous enorgueillir. La science moderne a repris l'œuvre de Galilée, et chaque jour elle arrache vos masques, chaque jour elle met à nu une de vos hideuses impostures, chaque jour elle déchire un de vos livres sacrés ! (*Triple salve d'applaudissements.*)

×

Je pourrais vous citer encore bien d'autres victimes de l'intolérance sacerdotale ; mais je ne veux pas abuser de votre patience.

J'ai évoqué le souvenir de nos héros les plus célèbres. Mais combien de martyrs ignorés ! combien de libres-penseurs assassinés dont les noms sont restés inconnus !

Dans les siècles derniers, les tribunaux ecclésiastiques fonctionnaient encore. Il y a cent ans à peine, un jeune homme de dix-huit ans, Lefebvre de Labarre, était supplicié à Abbeville, sur le jugement d'un évêque. On le coucha sur un instrument de torture ; car les prêtres ne se contentent pas d'assassiner leurs ennemis, il faut qu'ils les fassent périr dans les souffrances les plus horribles. (*Une voix : c'est la charité chrétienne !*) On appliqua donc au jeune de Labarre la question extraordinaire : ses jambes furent serrées entre des planches ; on enfonça des coins entre ces planches et les genoux de la victime, en sorte que ses os furent broyés ; on lui coupa le poignet, on lui arracha la langue, on lui arracha encore les seins, et dans ces deux coupes sanglantes, on versa de la poix enflammée. (*Exclamations de profonde horreur.*) Après quoi, on lui trancha la tête, son corps fut brûlé et ses cendres furent jetées au vent.

Je vous le répète, ce n'est pas de l'histoire ancienne que je vous raconte là. Le supplice du jeune de Labarre est du dernier siècle : c'est en pleine France qu'il a été accompli, le 1er juillet 1766. Et la victime avait à peine dix-huit ans. (*Murmures : oh! oh!*)

Voulez-vous maintenant connaître son crime?

— De Labarre n'avait pas salué une procession! (*Violentes marques d'indignation.*)

Et ces horreurs ont duré depuis le jour où Constantin, empereur, a installé les papes à Rome, jusqu'à la Révolution, c'est-à-dire quatorze siècles. (*Une voix : Il était temps que cela finît.*)

Oh! oui, citoyen, il était temps que cela finît; car, si Voltaire n'était pas venu, et à sa suite la Révolution, les prêtres auraient peu à peu anéanti l'humanité. (*Bravos.*)

Tant que les peuples sont restés soumis à leur domination... (*Une voix : Les peuples étaient bien bêtes!*) J'entends dire que les peuples étaient bien bêtes à cette époque. Ah! oui, certes! Mais à qui la faute? À la superstition qui les abrutissait et qui les tenait, pieds et poings liés, à la discrétion de tous les exploiteurs. Soyez libres-penseurs, ne croyez qu'aux enseignements de la raison, rejetez les dogmes, et je vous réponds que, du jour où vos esprits n'auront plus de maîtres, vos corps non plus n'en auront pas. (*Bravos.*)

A l'époque dont je parle, grâce à la faiblesse intellectuelle des peuples, les prêtres avaient accaparé la force physique, ou, pour mieux dire, le pouvoir politique. Ils dominaient, dans toute l'acception du mot. Mais aussi, vous avez vu quel abus ils ont fait de leur puissance.

Le fanatisme clérical, à cette époque, a exterminé des populations entières. Des provinces, comme le Languedoc, sont restées pendant de longues années couvertes par les cendres des bûchers. Des villes ont complétement disparu : pour n'en citer qu'une en passant, Cabrières. En 1545, c'était une petite ville de cinq mille habitants. Elle fut soupçonnée d'hérésie, et toutes les familles furent condamnées en bloc. Les enfants à la mamelle furent jetés dans les flammes ; les filles violées et coupées en quartier ; les vieilles femmes, on les faisait sauter au moyen de cartouches de poudre qu'on leur enfonçait dans les deux orifices (*exclamations d'horreur*); pas un habitant n'échappa à cet égorgement. La dévastation, le massacre furent tels qu'aujourd'hui même, après plus de trois cents ans, cette ville n'a pas encore pu reprendre son rang parmi les cités du Midi ; c'est une pauvre petite bourgade de Vaucluse ne comptant que cinq cents habitants.

Depuis le pape Léon X jusqu'au pape Clément IX, le sang coula à flots dans toute l'Europe ; le bois avait renchéri dans plusieurs provinces par suite de la multitude de bûchers.

(*Murmures* : oh! oh!) Ces massacres, qui ne finissaient que par la lassitude des bourreaux, ont coûté la vie à plus de deux millions d'individus. (*Nouvelles marques d'horreur.*) Ce sont les chiffres historiques.

Et dans ces chiffres ne sont pas comprises les guerres d'extermination entreprises contre les partisans de Jean Huss, ni les croisades dirigées contre les Albigeois. Non ! ces deux millions de victimes sont la part personnelle de vingt-deux papes.

Quant aux personnes tuées après tortures dans le genre de celles endurées par Jordano Bruno, quant aux victimes spécialement tourmentées par l'Inquisition, elles sont au nombre de quatre cent mille. (*Explosion générale d'indignation.*)

Voltaire, qui a fait le compte total, établit, avec détails et preuves historiques en main, que jusqu'à son époque et par les soins du catholicisme il y avait eu *neuf millions sept cent dix-huit mille huit cents personnes* égorgées, noyées, brûlées, rouées ou pendues pour l'amour de Dieu.

Et l'on viendrait nous dire d'adorer ce Dieu au nom duquel ont été accomplies ces abominations ? — Non ! mille fois non! (*Applaudissements enthousiastes.*)

✕

Nous sommes libres-penseurs et nous le resterons, dussent revenir les temps exécrables du moyen âge. (*Bravos.*)

Nous ne reconnaîtrons jamais aucun culte ; mais nous formerons entre nous une véritable religion, la religion naturelle, la religion de l'honnêteté, de la science, de la justice et de la morale.

Le mot, d'ailleurs, nous y autorise. Religion vient du latin *religare* qui veut dire « relier ». La libre-pensée, qui relie les honnêtes gens entre eux par les liens de l'estime et de la solidarité, la libre-pensée a le droit de lever la tête et de demander l'abolition des priviléges qui existent encore en faveur des religions mauvaises. *(Bravos.)*

De même que nous apportons un concours désintéressé quand nous faisons la propagande de nos idées rationalistes, de même nous demandons que l'homme noir qui prêche les idées superstitieuses cesse d'être rétribué *(Oui ! oui ! c'est cela !)*

Quand l'un des nôtres meurt, est-ce que nous nous faisons payer pour prononcer sur sa tombe les derniers mots de regret ? — Non. —Pourquoi donc l'Etat, qui représente la collection de tous les contribuables, donnerait-il l'argent du pays aux saltimbanques cupides qui grimacent des mômeries grotesques derrière les cadavres tombés entre leurs ongles crochus ? *(Applaudissements.)*

La libre-pensée sera la religion de la France entière le jour où toute la France sera instruite. *(Applaudissements.)*

En attendant, si l'on veut établir l'égalité des droits en matière de croyances, il faut commencer par supprimer le budget des cultes. (*Applaudissements prolongés.*)

×

A l'œuvre, citoyens, à l'œuvre ! Travaillons à la propagation de nos idées, chacun dans la mesure de ses moyens.

Que les femmes surtout se dérobent à l'étreinte immonde du prêtre ! qu'elles fuient ce laboratoire d'impuretés qui s'appelle le confessionnal ! (*bravos*) et qu'elles élèvent leurs enfants en libres-penseurs ! (*Nouveaux bravos.*)

Que chacun ait le courage de son opinion ; car nul ne peut se dire honnête homme s'il ne met sa vie en accord avec ses principes, et mépriser ses actes, c'est se mépriser soi-même. (*Très-bien !*)

Rendons-nous bien compte de ceci :

Que la conscience repousse les doctrines religieuses qui dirigent l'homme par les plus indignes mobiles : la cupidité et la peur. (*Marques d'approbation.*)

Que le bien ne saurait être indépendant du vrai, lequel est donné seulement par la science. (*Bravo !*) ;

Que la morale progressive et scientifique doit être définitivement séparée de ces dogmes surannés que la raison condamne et que le sentiment réprouve (*Oui ! oui !*) ;

Que la communion d'idées entre l'homme et la femme peut seulement fonder la famille. (*C'est vrai !*) ;

Que donner à l'enfant une science et une foi négatives l'une de l'autre, c'est opposer le cœur à la raison, fausser le jugement, troubler la conscience, anéantir la volonté (*bravo! bravo!*);

Que le triomphe des sociétés nouvelles est assuré à la seule condition que les défenseurs de l'avenir ne livreront plus aux défenseurs du passé leurs femmes, leurs enfants et leurs propres personnes. (*Applaudissements.*)

Considérez aussi que nombre de citoyens proclament ces vérités, mais que, faute de s'assurer fermement dans leurs convictions et d'en faire la règle inviolable de leur conduite, ils donnent sans cesse par leurs actes un démenti à leurs paroles : que cette faiblesse a pour conséquence l'abaissement des caractères et l'obscurcissement des consciences (*oui! oui! c'est vrai*); que, de concessions en concessions, on en vient à perdre toute notion de justice, à transformer sa vie en un perpétuel mensonge et à tomber dans une indifférence honteuse, prête à toutes les apostasies et à toutes les bassesses. (*Applaudissements.*)

Dites-vous bien enfin que la communauté d'action, donnant à tous exemple, soutien et force, peut seule rendre facile la lutte d'une vie rationnelle contre le préjugé, l'habitude et l'égoïsme (*Bracos.*)

Citoyennes et citoyens,

Si vous êtes de vrais libres-penseurs, vous regarderez comme le plus saint des devoirs de rompre en fait avec toutes les doctrines que vous rejetez en principe. (*Oui! oui!*)

Vous vous engagerez, les uns vis-à-vis des autres, à ne jamais recevoir aucun sacrement d'aucune secte ni religion. Pas d'initiation religieuse à la naissance, pas de cérémonie religieuse au mariage, pas de prêtre à la mort (*Bravos.*)

Propagez la libre-pensée. Constituez, partout où vous passerez, des sociétés du genre de la vôtre, c'est-à-dire des associations ayant pour loi la science, pour condition la solidarité, pour but la justice. (*Applaudissements.*)

A ce prix, à ce prix seulement, nous arriverons à réaliser le vœu de notre immortel Voltaire : nous parviendrons à écraser l'infâme !

Cette fois, les applaudissements éclatent plus enthousiastes que jamais et se prolongent, pendant plusieurs minutes, au milieu de vives acclamations.